COMPANY & CAPITAL

회사와 자본

Preface

　오늘날 우리 사회의 경제적 성장과 풍요로움은 놀랍다. 과거 일제강점기를 거치고 한국전쟁의 폐허 속에서 초근목피로 연명하며 세계 최빈곤 국가에 속하였던 우리나라가, 2023년 기준 국민총소득 3만 3,745달러, 수출입은 대략 1조 3천억 달러로 세계 7위의 무역 대국으로 발돋움하였다.

　실로 '한강의 기적'이라 불리는 경제발전으로 인해 우리나라는 세계 각국의 찬사와 부러움을 사고 있으며, 다른 나라의 경제개발 모델이 되었다. '잘사는 나라 한국'이라는 국가적 위상이 드높아지게 되었으며, 더불어 국민들의 삶의 질과 복지도 크게 향상되었다.

　전통적인 농업에서 제조업·서비스업 중심의 상공업 국가로의 개혁이 있었기에 가능한 일이었다. 그 중심에는 현대 경제사회의 중요한 주체가 되는 회사가 자리하고 있디. 각종 상품의 제조와 생산·판매 및 서비스 제공 그리고 수출입은 물론 일자리의 마련과 고용 등에 이르기까지 회사와 관계되지 않은 일이 없다. 또한 대다수의 국민은 회사와의 관계를 통해 경제적 삶을 영위하며, 회사는 사람들의 경제활동에 중심이 된다.

　사실 회사는 기업의 일종에 속한다. 즉 회사 이외에도 기업의 유형에는 개인기업과 각종 조합기업 그리고 공기업 등이 존재한다. 그렇지만 가장 중심의 역할을 하는 기업은 회사이다. 회사는 법률상의 의미는 '상행위 기타 영리를 목적으로 설립한 법인'(상법 제169조, 제114조 1항)이라고 정의되지만, 경제적 의미에서는 '일정한 계획에 따라 영리의 목적으로 계속적인 경영활동을 하는 경제적 조직체 혹은 재화 및 용역의 생산과 유통을 행하는 조직적 영리경제 단위'라고 정의된다. 이러한 회사는 현대 경제사회의 중요한 주체가 된다.

회사는 재산증가를 실현하기 위해 경제상의 힘인 자본력이 투입되어야 한다. 즉 회사는 다수인이 자본을 공동출자하여 성립하는 공동기업이며, 회사에 있어 자본은 인간에 있어 피와 같은 중요한 요소이다. 때문에 회사는 주식이나 지분의 출자 혹은 사채의 발행 등 다양한 방법으로 자본을 조달하게 된다. 물론 주식이나 회사채 등 출자나 채권에 대한 대가로 배당이나 이자 지급 등 부의 분배가 이루어지게 된다.

이와 같이 우리나라의 경제사회를 이끌어 가고 있는 회사와 그 기반이 되는 자본에 대한 지식은 현대 시민이 알아야 할 기본 소양이 된다. 이러한 취지에서 저자들은 소속한 대학교에서 「회사와 자본」을 교양과목으로 강의하여 왔다. 주로 회사의 제도적 의의와 설립 및 기관구조 그리고 주식회사를 중심으로 한 주식이나 사채 등 자본조달에 관한 내용을 다루었다. 그런데 수년 동안 강의가 이루어지다 보니 수업을 위해 준비하였던 강의안과 수업자료의 결과물이 상당히 쌓이게 되었다. 이를 책으로 엮어보는 것이 어떠할까 의논하던 중 한올출판사를 만나게 되었다. 최근 출판업계가 어려운 가운데 이 책을 발간하기로 결정해 주신 임순재 사장님께 감사의 말씀을 드리며, 아울러 한올출판사의 발전을 기원한다. 또한 편집과 표지도안 및 내용의 부분까지 빠짐없이 살펴주신 최혜숙 실장님을 비롯한 관계자 여러분들에게 진심 어린 감사의 말씀을 전한다. 마지막으로 책의 구성이나 내용과 관련하여 소중한 조언을 아끼지 않은 박건도 박사님께 깊은 감사를 드린다.

2025년 1월

저자 일동

Contents

Chapter 2

**주식
회사의
기관**

Chapter
3
주식회사의
자본금

① **설립시 주식발행** ·· 99
   1. 설립방법 ··· 99
   2. 정관의 자본금 관련 기재사항 ················· 99
   3. 주식발행사항의 결정 ························· 101
   4. 발기설립시 주식의 인수와 납입 ··········· 101
   5. 모집설립시 주식의 인수와 납입 ··········· 102
   6. 납입금의 보관 ································· 104
   7. 출자방법 ······································· 105

② **자본금의 증가** ·· 106
   1. 신주발행(통상의 신주발행) ··············· 107
   2. 특수한 신주발행 ····························· 115

③ **자본금의 감소** ·· 116
   1. 의의 ··· 116
   2. 자본금감소의 구분 ··························· 117
   3. 자본금감소의 방법 ··························· 118
   4. 자본금감소의 절차 ··························· 119
   5. 감자무효의 소 ································· 122

Chapter
4
주식회사의
회계

① **재무제표 및 영업보고서** ························· 127
   1. 재무제표의 의의와 종류 ··················· 127
   2. 재무제표의 승인 절차 ······················ 128

② **준비금** ·· 130
   1. 총설 ··· 130
   2. 법정준비금의 적립 ··························· 131

Chapter
5

사 채

법령약어표

• 민법 · · · · · · · · · · · · · · 민

• 상법 · · · · · · · · · · · · · · 상

• 상법시행령 · · · · · · · · · · · 상령

• 자본시장과 금융투자업에 관한 법률 · · · 자금

• 주식회사 등의 외부감사에 관한 법률 · · · · 외감

Contents

회사와 자본

Chapter

1

회사 제도

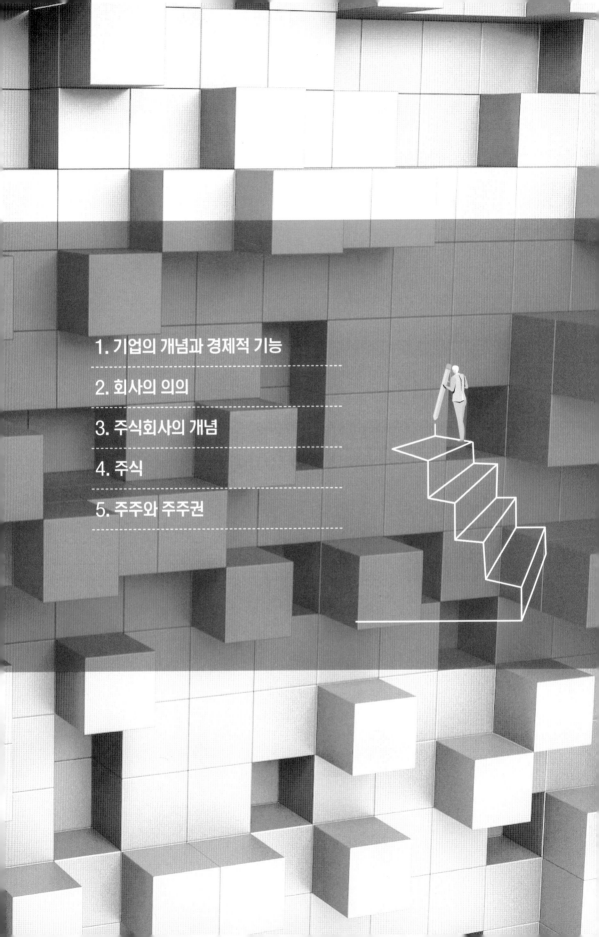

Chapter

1 회사 제도

1 기업의 개념과 경제적 기능

기업이란 이익을 획득할 목적으로 자본적 계산 방법을 이용해 일정한
행위(상행위)를 반복적이고 계속적으로 수행하는 경제 단위를 뜻한다.

기업을 법적으로 가장 단순하게 분류하는 방법은 개인기업과 공동기업
으로 나누는 것이다. 역사적으로 본다면 기업은 개인기업에서 공동기업
으로 변화하는 모습을 보였다. 즉, 산업혁명, 대량생산과 대규모 운송, 해
상무역의 발전 등 경제·사회의 발전에 따라 기업의 형태는 개인기업에서
공동기업으로 전개되었다.

1 개인기업

개인기업은 특정의 자연인이 사업에 필요한 자본을 단독으로 마련하고
스스로 경영을 담당하는 가장 단순한 기업형태로서 소유, 지배, 경영이

전부 출자자인 개인에게 귀속한다. 그 결과 의사결정이나 업무집행 등 기업행동에 기동성이 발휘되는 장점은 있으나 다음과 같은 단점이 따른다.

① 기업경영 결과로서의 손익이 모두 기업주 자신에게 귀속되어 기업의 실패에 따른 위험이 크다.

② 가계로부터의 법적 독립성이 없어 기업주가 기업의 채무에 대하여 무한책임을 져야 한다.

③ 개인이 조달할 수 있는 자본에는 한계가 있어서 영세성을 면하기 어렵다.

④ 기업주 개인의 경영 능력에 한계가 있고 경영의 조직화가 용이하지 않다.

⑤ 항구적인 기업 유지가 거의 불가능하다.

② 공동기업

하나의 기업에 다수인의 자본과 노력이 참여하고 기업 위험도 다수인이 분담하는 공동기업의 경우에는 개인기업의 단점이 크게 해소된다. 기업주가 원하는 기업의 경영조직과 자본집중의 유형 그리고 기업의 규모 및 위험 분산의 방법에 따라 실정법상 여러 가지의 공동기업 형태가 존재한다.

가장 단순한 공동기업 형태로서는 민법상의 조합(민 703조~724조), 상법상의 익명조합(상 78조~86조), 합자조합(상 86조의2~86조의9), 선박공유(상 756조~768조) 등을 들 수 있는데, 이들은 극히 소규모의 자본집중이나 노력의 보충에 적합할 뿐인 데다 법인격도 주어져 있지 않으므로 개인기업의 단점을 완전히 극복하지 못한다. 그러므로 보다 완벽한 형태의 공동기업을 원하는 때에는 경영상 그 효용성이 검증된 회사(상 169조~637조의2) 형태를 취하게 된다.

우리 상법상 회사제도에는 합명회사, 합자회사, 유한책임회사, 주식회

사 및 유한회사 등 다섯 종류가 있다. 이들은 모두가 영리를 목적으로 하는 다수인의 결합체로서 법인격을 향유하며(상 169조), ① 자본의 결합 또는 자본과 노력의 결합, ② 경영의 조직화, ③ 기업위험의 분산 또는 제한, ④ 기업의 영속적 경영의 가능화, ⑤ 출자자의 가계로부터의 독립성의 확보 등의 장점을 갖는다.

상법상 회사는 출자자가 대외적으로 어떠한 형태의 책임을 지느냐(기업위험 분산의 방법)에 따라 회사의 종류별로 구체적인 법률관계가 상이해지며, 상술한 장점들도 회사의 종류에 따라 그 정도를 달리한다.

한편, 회사제도는 많은 장점을 갖지만, 그 폐단 또한 적지 않다. 내부적으로 소수의 기업 경영자가 자기의 이익을 추구하기 위해 회사 또는 출자자(사원)의 이익을 침해하기도 하고, 기업의 독립성과 유한책임 등을 빌미로 대외적으로 제3자의 이익을 해치는 경우도 있다. 뿐만 아니라 종종 탈세나 탈법의 수단으로 악용되기도 한다. 또한 자본주의 사회의 대표적 폐해라고 할 부익부 빈익빈 현상을 초래하는 주된 원인이기도 하다.

이러한 병폐에도 불구하고 회사 제도의 효용성은 이를 보충하고도 남는 이점이 있다. 자본주의 사회에 회사제도가 존재하지 않았다면 오늘날의 자본주의 경제체제의 발전을 이룩할 수 없었을 것이다. 사실 자본주의 경제체제는 회사제도에 의해 유지되고 발전되어 왔다고 해도 과언이 아니다.

② 회사의 의의

① 회사의 개념

상법상 회사란 상행위와 기타 영리를 목적으로 설립한 법인을 말한다(상 169조). 즉 회사의 개념 요소로 법인성 및 영리성을 규정하고 있다. 2011년 개정 전 상법에서는 제169조에서 "회사는 상행위 기타 영리를 목적으로 하는 사단을 이른다"라고 규정하고, 제171조 제1항에서 "회사는 법인으로 한다"라고 규정했으므로 '영리성', '사단성', '법인성'을 회사의 본질로 이해했다. 하지만 개정 전 상법에서도 1인회사를 허용하고 있었으므로 이를 입법정책적으로 받아들여 2011년 개정 시에 '사단'을 지운 것이다. 그렇다고 하여 회사가 더 이상 사단성을 갖지 않는다는 의미는 아니다. 회사란 복수의 사원이 인적 혹은 자본적으로 결합하는 방법으로서 인정되는 법인 형태이므로 여전히 그 본질은 사단이라고 보아야 한다.

(1) 영리성

회사는 영리를 목적으로 한다(상 169조). 여기서 말하는 영리성은 이익을 획득하고자 하는 주관적 욕구의 존재뿐만 아니라 회사가 그 활동으로 얻은 이익을 사원에게 분배해 줄 것까지를 목적으로 할 때에 비로소 인정된다. 그 분배 방법은 이익배당의 방법에 의하든 잔여재산분배의 방법에 의하든 상관없다.

또한 공법인은 영리행위를 통하여 제한적으로 상행위를 하고, 그 범위 내에서 상인성을 인정받아 상인이 될 수는 있겠으나 내부의 구성원들에게 이로 인한 이익을 직접 분배하지는 않으므로 회사가 아니다.

(2) 법인성

회사는 모두 법인이다(상 169조). 법인이란 자연인 이외에 법에 의해 권리와 의무의 귀속 주체가 될 수 있는 자를 말한다.

회사에 (법)인격이 부여되므로 회사는 사원으로부터 독립해 권리와 의무를 취득한다. 즉, 회사 자신이 자기명의로 법률행위를 할 수 있으며, 소송관계에 있어서도 당사자능력을 갖는다. 회사에 관련된 법률관계에서는 어떠한 종류의 회사이든 간에 그 구성원인 사원이 아니라 회사 자신이 1차적인 권리와 의무의 주체가 되는 것이다.

법인격부인론은 연혁적으로 19세기 후반부터 미국 판례법에서 발전한 이론으로서, 회사의 법인격이 남용되는 경우 특정 사안에 국한해서 그 법인격을 무시하고 회사와 사원을 동일시하여 사원에게 책임을 묻는 법이론이다. 이 이론은 모든 회사에 대해 적용될 수 있지만, 주로 주식회사에 대해서 적용된다. 합명회사와 합자회사의 경우 무한책임사원이 회사채권자에 대해 직접 변제할 책임이 있기 때문에 법인격부인론을 적용해도 실익은 거의 없다. 주로 주식회사의 주주가 유한책임제도를 악용할 목적으로 법인격을 남용하는 경우 이를 방지하기 위해 이용된다. 법인격 자체를 박탈하지 않고 회사에 의해 만들어진 특정한 법률관계에 한정해서만 그 법인격을 부인하고 그 법인의 배후에 있는 실체(즉, 사원)를 기준으로 법률적인 취급을 하려는 것이다.

(3) 사단성

전술한 바와 같이 2011년 상법 개정 이전의 회사는 모두 사단성을 개념 요소로 삼고 있었고, 예외적으로 주식회사와 유한회사의 경우에 1인회사를 인정하고 있었다. 이에 회사의 개념 요소로서 사단성이 모든 회사의 공통적 성질이 아닌 점을 감안하여 2011년 개정 상법에서는 사단성에 관한 개념 요소를 삭제했다.

사단이란 공동의 목적을 가진 복수인의 단체로서 조직적 일체성을 가진 통일적 결합체를 뜻한다. 합명회사와 합자회사의 경우는 사단이므로 2인 이상의 사원이 있어야 하며, 이러한 복수 사원의 존재는 회사의 성립요건(상 178조, 268조)일 뿐만 아니라 존속요건(상 227조 3호, 269조)이기도 하다. 그러나 주식회사(상 288조)와 유한회사(상 543조)는 성립 시에 1인 이상의 사원만 있으면 되고, 성립 후에 사원(주주)이 1인만 남게 되어도 해산한다는 규정이 없어서, 이들 회사의 개념 요소에 군이 사단성을 포함시킬 필요는 없었다(상 169조). 그리고 2011년 신설된 유한책임회사 역시 1인만의 설립이 허용되었다(상 287조의2). 그리하여 현재는 주식회사, 유한회사, 유한책임회사에 관한 한 '사람의 단체'라는 의미에서의 사단성은 그 본질적 속성이라고 할 수 없고, 다만 지분의 분산을 통해 사람의 단체가 될 수 있는 가능성을 내포하고 있다는 의미에서의 '잠재적 사단성'을 갖는 것으로 이해하게 되었다.

알아두기 · 1인주식회사

　1인주식회사란 전체 주식의 소유가 1인 주주(자연인 또는 법인)에게 집중되어 있는 회사를 의미한다. 1인주식회사라 해도 사원으로 구성된 단체이므로 상법의 규정이 그대로 적용되는 것이 원칙이다. 예컨대 1인주식회사도 그것을 구성하는 주주와는 별개의 독립된 법 주체이므로 회사채권자에 대해서는 회사만이 회사재산으로써 책임을 부담하게 되고 1인주주 개인의 재산에서는 변제를 받을 수 없다.
　그렇지만 다수인의 사원을 전제로 한 규정은 1인회사의 경우 수정하여 해석되어야 할 필요가 있으며, 실제 회사법 규정, 특히 주주총회의 소집과 운영에 관한 규정을 수정하여 해석한 대법원 판례를 어렵지 않게 찾을 수 있다.[1]

② 회사의 능력

　회사는 상행위와 기타 영리를 목적으로 하여 설립한 법인이다(상 169조). 회사의 설립절차에 있어서 최종 단계라 할 수 있는 설립등기가 이루어지면 회사의 성립, 법인격의 취득 그리고 상인 자격의 취득이 동시에 일어난다. 즉 성립한 회사는 법인이므로 일반적으로 권리와 의무의 주체가 될 수 있는 능력을 가진다. 다만 자연인이 아닌 까닭에 어떠한 논리적 구성과 내용으로 권리능력, 행위능력, 의사능력, 불법행위능력 및 공법상의 능력을 갖고 또 행사하는지에 관한 논의가 필요하게 된다. 그중의 하나로서 이러한 권리(의무)능력을 전제로 하여 회사는 어느 정도의 범위에서 구체적으로 권리와 의무를 갖는지, 즉 능력의 제한이 동시에 문제된다.

---

[1]　대법원 1966. 9. 20. 선고 66다 1187·1188 판결; 대법원 1976. 4. 13. 선고 74다1755 판결; 대법원 1976. 5. 11. 선고 73다52 판결

(1) 회사의 권리능력

권리능력이란 권리와 의무의 주체가 될 수 있는 법적 지위 또는 자격을 의미한다. 회사는 법인으로서 권리와 의무의 주체가 될 수 있는 권리능력을 가진다. 다만 자연인과 달리 현실적으로 자연적 의사와 육체를 구비하고 있지 않으므로 능력상 한계가 내재한다. 또한 회사의 법인격은 법률에 의해 부여되었으므로 그에 따른 제한이 가능하며, 회사의 권리능력의 범위는 정관상의 목적과 밀접한 관련이 있다. 이러한 측면에서 회사의 권리능력에 대한 제한이 검토될 필요가 있다.

가 성질상의 제한

회사는 자연인이 아닌 법인이므로 자연인임을 전제로 하는 친족권, 상속권, 생명권, 신체상의 자유권 등은 가질 수 없다. 다만 수유자의 자격에 관하여는 법상 아무런 제한이 없으므로 유증은 받을 수 있다. 또한 명예권, 상호권, 신용권과 같은 인격권과 사원권은 자연인에 한정된 것이 아니므로 회사도 가질 수 있다. 또한 회사는 육체적 노무를 제공할 수 없기 때문에 지배인 기타의 상업사용인은 될 수 없지만 주식회사의 발기인, 유한책임사원, 주주 등은 될 수 있다.

회사가 다른 회사의 이사나 감사가 될 수 있는가에 대해서는 긍정설과 부정설, 그리고 업무를 담당하지 않는 이사나 감사는 될 수 있다고 보는 견해로 나누어진다. 이사나 감사는 대개 일반적 직무를 집행하는 자로서 자연적 의사결정을 해야 하는 지위에 있으므로 자연인으로 제한된다고 보는 것이 옳다.

나 법령상의 제한

회사의 법인격은 법이 부여한 것이므로 그 권리능력에 대하여 법령에 의한 제한을 받는 경우가 있다(민 34조 참조). 상법상 회사는 다른 회사의 무한책임사원이 되지 못한다(상 173조). 이는 회사가 다른 회사의 채무에 대해 무한책임을 지게 되면 회사 존립의 기초를 위태롭게 한다는 이유에서 입법정책상 제한하는 것이다. 또한 청산 중의 회사는 청산 목적 범위 내에서만 존속하며(상 245조, 269조, 287조의45, 542조 1항, 613조 1항), 파산으로 해산한 법인은 파산의 목적 범위 내에서만 존속한다(『채무자 회생 및 파산에 관한 법률』 328조).

🅳 목적상의 제한

회사는 일정한 목적을 가지고 설립된 목적 단체로서, 그 목적이 사회·경제적으로 타당한 까닭에 이를 성취할 수 있게끔 법적으로 지원하기 위해 법인격이 주어지는 것이다. 그렇다면 그 목적 범위 내에서만 권리능력을 부여하더라도 문제는 없는 것 아닌가 하는 의문이 드는 가운데, 이러한 관점에서 정관에 기재한 목적의 범위 내에서만 권리능력이 인정되는가에 대한 견해의 대립이 있다. 단순하게는, 민법에 따르면 법인은 정관으로 정한 목적의 범위 내에서 권리·의무의 주체가 되는데(민 34조), 상법에는 이러한 규정이 존재하지 않으므로 민법 제34조를 회사에 적용할 수 있는가 하는 문제가 제기된다.

제한긍정설은 민법 제34조를 법인 일반에 공통하는 기본원칙으로 보아 주주와 회사의 이익 보호를 위해 정관으로 제한이 가능하다는 견해이다. 따라서 회사에 대해 민법 제34조의 유추 적용을 인정하고 회사의 권리능력은 정관 소정의 목적에 따라 제한된다는 입장을 취한다.

이와 달리 회사의 권리능력은 목적에 의해 아무런 제한을 받지 않는다는 제한부정설(무제한설)도 있다. 정관상 기재된 사업 목적을 신뢰하고 투자한 사원의 이익을 보호한다는 측면(제한긍정설)을 무시할 수는 없으나 이는 이사의 정관 위반행위로 인한 유지청구권(상 402조), 이사의 회사에 대한 손해배상책임(상 399조) 등으로 보호될 수 있으며, 따라서 거래의 안전을 보호한다는 상법의 이념에서 보더라도 제한하지 않는 것이 타당하다고 주장한다.

대법원 판례는 제한긍정설을 취하면서도 목적의 범위를 그 수행에 필

요한 직간접의 모든 행위로서 행위의 객관적 성질에 따라 추상적으로 판단함으로써 그 목적의 범위를 넓게 해석하고 있다.[2] 또한 제한긍정설도 회사의 권리능력을 회사의 목적 달성에 필요하거나 유익한 행위 혹은 목적에 반하지 않는 모든 행위까지 그 범위를 확장하는 추세에 있다.

 • 【판례】대법원 1987. 9. 8. 선고 86다카1349 판결

> 회사의 권리능력은 회사의 설립 근거가 된 법률과 회사의 정관상의 목적에 의하여 제한되나 그 목적 범위 내의 행위라 함은 정관에 명시된 목적 자체에 국한되는 것이 아니고 그 목적을 수행하는 데 있어 직접 또는 간접으로 필요한 행위는 모두 포함되며 목적 수행에 필요한지 여부도 행위의 객관적 성질에 따라 추상적으로 판단할 것이지 행위자의 주관적, 구체적 의사에 따라 판단할 것은 아니다. 단기금융업을 영위하는 회사로서 회사의 목적인 어음의 발행·할인·매매·인수·보증·어음매매의 중개를 함에 있어서 어음의 배서는 행위의 객관적 성질상 위 목적 수행에 직접, 간접으로 필요한 행위라고 하여야 할 것이다.

(2) 회사의 의사능력과 행위능력

회사가 의사능력과 행위능력을 가지느냐는 법인본질론에 따라 달라지게 된다. 즉 법인의제설을 취하면 이를 부인해야 하지만, 법인실재설을 취하면 긍정한다. 회사에 권리능력을 인정하는 이상 의사능력과 행위능력을 인정하는 것이 자연스럽다.

또한 회사는 법인이므로 자연인과는 달리 직접 행위를 하는 것은 불가능하지만, 대표기관을 통해 의사능력과 행위능력을 행사하게 된다. 대표기관은 회사 활동을 하기 위한 기구로서 회사 조직의 일부이다. 회사와 기관과의 관계를 대표관계라고 한다.

상법은 대표기관의 자연적 의사를 기초로 하여 회사 자체의 의사능력과 행위능력을 인정하고 있다. 즉, 회사는 권리능력의 범위에서 행위능력을 가지는 것으로 볼 수 있다.

(3) 회사의 불법행위능력

회사가 대표기관에 의해 스스로의 행위능력을 가진다고 한다면 불법행위능력도 인정해야 할 것이다. 즉 회사의 기관이 그 직무를 행함에 있어서 타인에게 손해를 끼친 경우에 회사는 그 자신의 불법행위로서 손해배상책임을 부담하게 된다.

상법에서는 회사를 대표하는 사원이 그 업무집행으로 인하여 타인에게 손해를 가한 때에는 회사는 그 사원과 연대하여 배상할 책임이 있다는 규정을 두고 있다(상 210조, 269조, 287조의20, 389조 3항, 567조). 이 규정은 회사의 불법행위능력을 인정하면서 사실상의 책임자에 대해서도 배상책임을 인정한 것으로 해석된다. 회사가 전부 또는 일부의 배상을 했을 때는 대표기관에 구상할 수 있음은 물론이다.

회사의 대표기관 이외의 사용인이 회사의 업무집행에 있어서 제3자에게 손해를 끼친 경우에 회사는 사용자배상책임에 관한 원칙(민 756조)에 따라 책임을 부담한다.

3 회사의 종류

(1) 상법상 회사

상법상 회사는 합명회사, 합자회사, 유한책임회사, 주식회사, 유한회사의 다섯 종류가 있다(상 170조). 이러한 분류는 주로 사원이 부담하는 책임의 성질을 기준으로 한 것이다.

합명회사는 사원이 회사의 채무에 대하여 무한·직접·연대 책임을 부담하는, 즉 모든 사원이 무한책임사원인 회사 형태이다(상 212조).

★2   대법원 1999. 10. 8 선고 98다2488 판결; 대법원 1991. 11. 22 선고 91다8821 판결; 대법원 1988. 1. 19 선고 86다카1384 판결)

합자회사는 합명회사의 사원과 동일한 책임을 부담하는 무한책임사원과 회사채권자에 대하여 직접·연대 책임을 부담하지만 정관에 기재한 출자가액을 한도로 책임지는 유한책임사원으로 구성된 회사이다(상 268조, 279조).

유한책임회사는 2011년 개정 상법에서 미국의 유한책임회사제도를 참고하여 도입된 공동기업 형태로서, 조직 구성과 투하자금 회수와 관련한 자율성을 인정하고 회사채권자에 대한 유한책임을 인정하고 있다(상 제287조의7).

주식회사는 사원인 주주가 회사채권자에 대해서는 직접 아무런 책임을 부담하지 않고, 회사에 대해서는 자기가 인수한 주식 금액을 한도로 출자의무만 부담하는 간접·유한책임을 부담하는 회사 형태이다(상 제331조).

유한회사는 그 사원이 주식회사의 주주와 같이 회사채권자에 대해서는 직접 아무런 책임을 부담하지 않지만(상 제553조), 회사에 대해서는 일정한 경우에 자본전보책임을 부담한다(상 제550조, 551조). 주식회사에 비해 소규모이며, 폐쇄적·비공개적이라는 특징을 가진다.

(2) 인적회사와 물적회사

가 인적회사

인적회사는 그 실질에 있어서 개인 상인의 복합체로서 인적 신뢰관계에 있는 사원만으로 성립하는 인적 집단기업의 법적 형태이다. 인적회사에 있어서는 필연적으로 사원은 소수이며 또 사원 지위의 이전은 제약된다. 각 사원은 회사의 운영에 관한 기본적 의사결정 및 업무집행에 대해 대등한 권리를 갖고 참여하며, 발생한 손실에 대해서도 연대책임을 진다.

인적회사에서는 각 사원이 무한책임을 부담하기 때문에 대외적 신용에 있어서는 회사 재산보다 사원의 인적 신용이 더 중시된다. 그러므로 재산출자 외에 노무출자도 인정된다. 합명회사는 전형적인 인적회사이며, 합자회사는 유한책임사원이 존재한다는 점에서 물적회사의 색채가 약간 가미된, 인적회사에 가까운 중간 형태로 이해할 수 있다.

🕒 물적회사

물적회사는 각 사원이 그 출자를 매개로 하여 결합하는 자본적 기업의 법적인 형태로서 회사의 실질은 사원의 결합체라기보다는 제공된 자본의 집중체에 가깝다.

물적회사에서 출자자는 자본이윤만을 목적으로 결합되며 기업의 소유와 경영은 원칙적으로 분리된다. 기업에 대한 지배도 자본이윤의 확보에 필요한 범위 내로 한정되며, 지배 형식도 인적회사의 경우와 같은 인적 지배 형식을 취하지 않고 주주총회 등 기관을 통해 간접적으로 그리고 자본비례적으로 참여하는 물적 지배 형식이 행해진다.

결국 사원의 회사채권자에 대한 책임이 간접화됨과 동시에 그 출자액으로 한정된다. 따라서 회사의 대외적 신용과 사원과의 관계에 있어서 사원은 유한책임을 부담하는 데 지나지 않으므로 회사 재산이 대외적 신용의 유일한 기초가 된다.

그러므로 물적회사에서 사원의 출자는 인적회사와는 달리 담보가치가 있는 회사 재산을 구성할 수 있게끔 재산출자로 한정된다. 또 회사 재산의 충실 또는 유지를 목적으로 하는 자본금충실의 원칙 또는 자본금불변의 원칙도 강행성을 가진다. 주식회사는 전형적인 물적회사이며, 유한회사는 물적회사의 특색이 강한 중간 형태의 회사라고 할 수 있다. 그리고 유한책임회사는 대내적으로는 인적회사의 성질을 갖지만 대외적으로는 물적회사의 성질을 갖는, 역시 중간적 형태의 회사라 할 수 있다.

(3) 모회사와 자회사

모회사는 다른 회사를 지배하고 있는 회사를 말하며, 회사 간의 지배종속관계를 모자(母子)로 비유해 일반적으로 모회사 또는 지배회사라고 부

르고 있다. 자회사는 모회사의 지배를 받는 회사이다. 모회사가 자회사에 대해 지배력을 미치는 원인에는 자본참가, 임원파견, 지배계약 등이 있다.

상법에서는 자본참가비율에 착안 해 주식의 상호소유를 제한하는 규 정을 두고 있는데, 다른 회사 주식의 100분의 50을 초과해 소유하고 있 는 회사를 모회사라고 하며, 그 다른 회사를 자회사라고 한다. 자회사는 원칙적으로 모회사의 주식을 취득 할 수 없다(상 342조의2 1항).

(4) 상장회사와 비상장회사

상장회사(법인)는 그 발행한 주식이 증권시장에서 거래될 수 있는 회사 를 말하며(상 542조의2 1항, 상시 8조), 그렇지 않은 회사를 비상장회사(법인) 라고 한다. 상장회사의 상장주식의 유통과 상장법인의 관리 등에 대해서 는 상법 이외에도 「자본시장 및 금융투자업에 관한 법률」이 적용된다.

3 주식회사의 개념

주식회사라 함은 ❶ 사원(주주)의 출자로 구성되는 자본금이 주식으로 분할되고 ❷ 주식을 인수 또는 취득함으로써 사원인 주주가 되며 ❸ 인수 단계에서 인수한 주식을 한도로 출자의무(유한책임)를 부담하되, 주주의 지위에서는 회사에 대해 오로지 권리만을 가질 뿐 회사 또는 회사의 채권 자에 대해서 어떠한 책임도 부담하지 않는 회사이다. 따라서 자본금, 주 식 및 유한책임이 주식회사의 개념과 밀접한 관련을 갖는다.

1 자본금

(1) 상법상 자본금의 개념

자본금은 상법상 다른 규정이 있는 경우를 제외하고 액면주식을 발행하는 회사에서는 발행주식의 액면총액을 뜻하고(상 451조 1항), 무액면주식을 발행하는 회사에서는 주식의 발행가액 중 이사회가 자본금으로 계상한 금액을 뜻한다(상 451조 2항).

(2) 구별할 개념

자본금은 계산상의 금액이며, 회사의 사업 수행을 위한 금액으로서 회사에 항상 보유되어야 할 자산의 금액을 표시하는 규범적인 금액에 지나지 않는다. 자본금은 실제로 회사가 보유하는 자산이나 재산과 다른 개념이며, 그 금액이 이들과 반드시 일치하는 것도 아니다.

또한 회사의 자산은 일정한 시점에 있어서 현실적으로 보유하고 있는 재산의 총체로서 그 금액은 물가의 변동이나 영업 성적 등에 따라 항상 변동하므로 공시에 적합하지 않지만, 자본금은 신주의 발행, 준비금의 자본금전입, 자본금감소 등 법에서 정하는 절차를 밟지 않는 한 변동하는 것이 아니므로 공시가 가능하다. 따라서 회사채권자는 자본금을 보고 회사의 신용도를 어느 정도는 파악할 수 있게 된다.

(3) 자본금의 3원칙

주식회사에서 자본금은 회사채권자 등 이해관계자에게 중요한 의미를 가지므로 그 안정적인 운용을 위해 자본금확정의 원칙, 자본금유지의 원칙, 자본금불변의 원칙이라는 자본금의 3원칙이 적용된다.

가 자본금확정의 원칙

주식회사의 설립에 있어서 자본금이 정관에 확정되고 그에 대한 출자가 이루어져 적어도 출자자, 즉 주주가 될 자가 확정될 것을 요한다. 이것을 자본금확정의 원칙이라고 한다. 이는 주식회사의 설립 시에 그 재산적 기초를 확정하기 위한 취지이다.

상법 제289조 제1항에서는 액면주식을 발행하는 경우 정관에 '1주의 금액'과 '회사의 설립 시에 발행하는 주식의 총수'를 기재하도록 규정하고 있으며, 회사 설립 전에 설립 시 발행주식 전부가 인수되어야 하므로 자본금확정의 원칙을 밝히고 있다. 무액면주식을 발행할 경우에도 정관에 기재된 '설립 시에 발행하는 주식의 총수'가 인수되어야 하는 것은 마찬가지이고 이사회가 주식의 발행가액 중에서 자본금으로 계상할 금액을 정해야 하는 점에서 역시 자본금확정의 원칙이 적용된다고 이해해야 한다. 이 원칙은 설립 시에만 인정되는 원칙이다. 설립 후 신주발행이 이루어지면 더 이상 적용되지 못한다.

나 자본금유지의 원칙

주식회사는 자본금에 상당하는 자산을 항상 회사에 보유해야 한다. 이러한 원칙을 자본금유지의 원칙 또는 자본금충실의 원칙이라고 한다. 이 원칙은 회사의 재산만을 유일한 담보로 하는 회사채권자를 보호하기 위함은 물론, 이사나 대주주의 불건전한 업무 처리에 대해 계속적 기업으로서의 건전성을 확보하고, 주주들의 이익을 도모하는 기능도 갖고 있다.

상법에는 자본금유지의 원칙을 실현하기 위한 규정들이 많이 있다. 예컨대 주식인수가액의 전액 납입(상 295조 1항, 305조 1항), 납입금 보관자의 책임(상 318조 2항), 발기인과 이사의 인수와 납입에 대한 담보책임(상 321조, 428조), 회사 설립 시에 주식의 액면미달발행의 금지(상 330조)와 신주발행 시의 제한(상 417조), 가설인·타인명의에 의한 인수인의 책임(상 332조), 자기주식의 취득 제한(상 341조), 법정준비금제도(상 458조~460조), 이익배당의 제한(상 462조) 등은 모두 이 원칙을 반영하기 위한 규정들이다.

자본금유지의 원칙은 회사의 설립 시에는 물론 회사의 존속 중에도 계속 요구된다.

🅓 자본금불변의 원칙

자본금은 엄격한 법정절차를 밟지 않는 한 감소할 수 없는데, 이를 자본금불변의 원칙이라고 한다. 자본금의 증가는 회사 또는 회사채권자에게 특히 불리하지 않으므로 굳이 막을 필요가 없다. 그러므로 '불변'은 일단 '불감소'의 뜻으로 이해할 수 있다. 자본금이 자유롭게 감소할 수 있다고 한다면 자본금유지의 원칙이 무의미하게 된다는 점에서 더욱 그렇다. 그러나 성립 후의 회사가 여러 가지 사정이 있는데도 자본금을 절대로 감소할 수 없도록 하는 것도 타당하지 않다. 여기에서 회사 재무구조의 건전성을 유지하고 회사채권자의 이익을 침해하지 않는 범위에서 엄격한 절차를 거쳐 자본금감소를 인정할 필요가 생긴다. 상법에서는 주주총회의 특별결의와 회사채권자 보호절차(상 438조, 439조, 232조)를 거쳐서만 자본금을 감소할 수 있도록 하고 있다. 결국 '불변'은 '감소제한'의 뜻으로 이해할 수 있다. 자본금불변(자본금감소제한)의 원칙은 회사의 존속 중에만 요구되는 원칙이다.

② 주 식

주식은 주식회사의 자본금을 구성하는 균등한 크기의 단위로서, 출자자인 주주의 입장에서는 출자의 단위가 된다. 한편, 인수 또는 취득에 의한 주식의 소유로써 사원인 주주가 되기 때문에 사원(주주) 지위의 기초가 되며, 이러한 지위를 바탕으로 회사에 대해 여러 권리를 갖게 된다. 즉, 주식이 사원권, 곧 주주권을 의미하기도 한다.

3 주주의 유한책임

주식회사의 주주는 회사 또는 회사채권자에 대해 회사의 채무에 관한 어떠한 책임도 지지 않는다. 주주의 지위에서 회사에 대하여 오로지 권리만을 가질 뿐 어떠한 의무나 책임도 부담하지 않는다. 회사에 대해 주식의 인수가액을 한도로 출자의무를 부담하기 때문에, 예컨대 합명회사의 사원이 무한책임을 부담하는 것과 대비하여 주주는 유한책임을 부담한다고 하지만, 이는 주주가 아니라 주식인수인의 지위에서 부담하는 것이다.

4 주 식

1 주식의 의의

(1) 주식의 개념

주식이란 주식회사의 사원인 주주가 회사에 대해 갖는 일정한 지분을 뜻하며, 법률상 두 가지 뜻을 갖고 있다. 첫째는 사원의 지위 또는 자격으로서의 주식이며, 둘째는 자본금의 구성 부분으로서의 주식이다. 또한 항간에서는 주주권을 표창하는 유가증권도 주식이라고 하는데 상법에서는 이를 주권이라고 부른다.

회사는 법인이므로 회사의 사업은 회사의 소유이다. 주식회사의 사원은 사업에 대해 일정한 지분을 가지는데, 이는 법률적으로 사원이 회사에 대해 갖는 각종 권리와 의무의 기초가 된다. 또 지분은 회사에 대한 사원의 법률상 지위를 뜻하는 바 자본단체인 주식회사에 있어서의 지분을 주식이라고 한다. 즉 주식은 주주의 법률상의 지위 또는 주주권을 의미한다.

주식은 자본금을 구성하는 최소의 단위이고, 또한 액면주식의 경우에
는 그 금액이 균일할 것을 규정하고 있으므로(상 329조 2항), 한 개의 주식
을 임의로 분할하여 수인이
소유할 수는 없다(주식불가분
의 원칙). 그러나 주식을 수인
이 공유할 수는 있다. 이 경
우 공동으로 주식을 인수한
자는 연대하여 납입할 책임
이 있으며(상 333조 1항), 공유
자 중에서 주주의 권리를 행

사할 자 1인을 정해야 한다(상 333조 2항). 주주의 권리를 행사할 자가 없는
때에는 회사의 공유자에 대한 통지나 최고는 그 1인에 대해 하면 된다(상
333조 3항).

(2) 주식의 성질

주식회사에 있어서의 회사 사업은 법률적·형식적으로는 법인인 회사
의 소유에 속하지만, 경제적·실질적으로는 주주 전원에게 속하는 것이므
로 주주는 각각 회사 사업에 대해 일정한 지분을 가지고 그 지분에 따라
서 회사 사업으로부터 발생하는 이익의 분배와 회사 사업의 지배에 관한
권리를 가진다.

이와 같이 경제적 이익의 향수와 기업 지배의 가능성이 있다는 점에 주
식의 본질이 있는 것이다. 따라서 주주의 권리는 자익권이든 공익권이든
다 같이 소유권의 변형물에 지나지 않는다. 그러므로 공익권도 궁극적으
로는 주주 자신의 이익을 위해 인정된 권리이며 그것은 자익권의 실현을
보장하기 위한 것이라고 할 수 있다. 이와 같이 주주의 지위는 자익권뿐
만 아니라 공익권도 포함되며 주식을 양도하면 자익권과 공익권이 모두
양수인에게 이전된다.

② 주식의 금액

비율적으로 세분화되어 주식회사의 자본금을 구성하는 출자 단위가 주식인데, 이 주식 하나의 금액이 정관에서 정해지고, 또한 그 금액이 주권에 표시되는 주식을 액면주식이라고 한다. 이와는 달리 주식 하나의 금액이 없고 주권에는 단지 주식의 수만 표시되는 주식을 무액면주식이라고 한다. 1주의 금액을 액면가 또는 권면액이라고 부르기도 한다. 1주의 금액은 100원 이상으로 해야 한다(상 329조 3항).

회사는 선택에 따라 액면주식과 무액면주식을 선택적으로 발행할 수 있다. 즉 정관에 1주의 금액을 기재하면 액면주식을 발행한다는 것이고, 이를 기재하지 않고 주식의 전부를 무액면주식으로 발행한다는 뜻을 기재하면 무액면주식을 발행한다는 것이다. 그러나 액면주식과 무액면주식을 함께 발행할 수는 없다(상 329조 1항 단서).

회사는 정관으로 정한 바에 따라 이미 발행된 액면주식을 무액면주식으로 전환하거나 반대로 무액면주식을 액면주식으로 전환할 수 있다(상 329조 4항).

③ 종류주식

(1) 의의와 종류, 발행

종류주식이란 소정의 권리에 관해 특수한 내용을 부여한 주식을 말한다. 원래 주식이란 주식평등의 원칙에 의해 회사에 대한 주주의 권리를 균등하게 표현하는 지분이지만, 투자자들이 보이는 성향의 다양성과 회사가 추구하는 자본 조달의 효율성을 감안해 주식이 표창하는 권리의 조합을 달리할 수 있도록 허용하는 것이 종류주식이다.

상법이 인정하는 종류주식은 이익배당이나 잔여재산분배에 관한 종류주식, 의결권의 행사에 관한 종류주식, 상환에 관한 종류주식, 전환에 관한 종류주식이 있다. 액면주식, 무액면주식, 기명주식, 무기명주식은 종류주식이 아니다.

회사는 정관에 각 종류주식의 수와 내용을 정한 경우에 한해 종류주식을 발행할 수 있으며(상 344조 2항), 등기하여야 한다(상법 317조 2항). 그리고 주식청약서 및 주권에 기재하는 식으로 공시해야 한다. 또한 회사 설립 시에는 발기인이, 신주발행 시에는 이사회가 정관에 기재된 범위 내에서 종류와 수량을 정하여 발행할 수 있다(상법 291조, 416조).

다양한 유형의 종류주식이 인정되기 때문에 그 성질을 조합하여 발행할 수도 있다. 예컨대 우선주를 의결권 없는 주식으로 발행하거나 우선주를 의결권 없는 주식으로 발행하면서 상환주식으로 발행하는 것이다.

신주의 인수 등 주주권의 변동을 초래할 회사의 자본거래는 마땅히 주식평등의 원칙에 따라야 한다. 그러나 종류주식을 발행한 때에는 정관에 다른 정함이 없는 경우에도 주식의 종류에 따라 신주의 인수, 주식의 병합·분할·소각 또는 회사의 합병·분할로 인한 주식의 배정에 관해 사안에 따라 이사회 또는 주주총회의 결의로 특수하게 정할 수 있다(상 344조 3항). 한편, 이러한 특수한 정함 때문에 어느 종류의 주주에게 손해를 미치게 될 경우에는 이사회나 주주총회의 결의 외에 종류주주총회의 결의를 다시 얻어야 한다(상 435조, 436조).[3]

(2) 이익배당에 관한 종류주식

㉮ 의의

회사는 이익배당 또는 잔여재산의 분배에 관한 내용이 다른 종류주식을 발행할 수 있다(상 344조의2). 배당 순서에 관해 내용을 달리하는 경우가

---

[3] 대법원 2006. 1. 27. 선고, 2004다44575·44582 판결

일반적이겠지만, 배당금액이나 배당재산의 종류에 관하여 다른 내용을 정할 수도 있다.

나 정관으로 정할 사항

이익의 배당에 관한 종류주식을 발행하기 위해서는 그 종류의 주주에게 교부하는 배당재산의 종류, 배당재산의 가액의 결정 방법, 이익을 배당하는 조건 등 이익배당에 관한 내용을 정관으로 정하여야 한다(상 344조의2 1항). 상법에서는 현물배당을 인정하고 있으므로(상 462조의4) 종류주식에 대해 배당을 할 때에는 금전배당, 주식배당, 현물배당이 가능하다.

잔여재산의 분배에 관한 종류주식을 발행하기 위해서는 정관에 잔여재산의 종류, 잔여재산의 가액의 결정 방법, 그 밖에 잔여재산분배에 관한 내용을 정하여야 한다(상 344조의2 2항).

다 유형

❀ 보통주

이익배당 또는 잔여재산분배에 있어서 어떠한 제한이나 우선권도 주어지지 않고 그 표준이 되는 주식을 보통주라고 한다. 보통주에 대한 배당금액은 재무제표를 승인하는 주주총회의 결의에 의해 결정된다. 회사에 이익이 있다고 하여 반드시 배당해야 하는 것은 아니나 회사에 이익이 있는 한 무제한의 배당 가능성이 주어지는 개방적 지분이다.

❀ 우선주

우선주는 이익배당이나 잔여재산분배에서 다른 주식에 우선하여 소정의 배당이나 분배를 받을 수 있는 주식이다. 즉 재산적 급여에 있어서 보통주보다 우선적 지위(선순위)가 인정된다. 우선주라고 하더라도 '이익 없으면 배당 없다'는 원칙에 어긋날 수 없으므로 이익이 없거나 적은 결산기에는 소정의 배당금을 충족시키지 못할 수도 있다. 이때 부족한 배당금을 계속 이월시켜 다음 기의 배당금에 합산하여 받게 할 수도 있는데, 이를 '누적적 우선주'라고 하고, 당기의 배당이 부족하더라도 이월시키지 않는 것을 '비누적적 우선주'라고 한다.

한편 회사의 경영 실적이 좋아 이익이 많이 발생한 때에는 배당률이 정관에 미리 정해진 우선주의 경우 오히려 보통주보다 불리할 수도 있다. 이 경우 우선주가 소정의 이익을 먼저 배당받고 다시 잔여 이익의 배당에 재차 보통주와 함께 참가할 수 있는 우선주가 있는데, 이를 '참가적 우선주'

라 하고, 그렇지 않은 우선주를 '비참가적 우선주'라 한다.

✿ 후배주

후배주는 이익배당이나 잔여재산분배에 있어 보통주보다 후순위에 배당(분배)을 받을 수 있는 주식이다. 즉 재산적 급여에 있어 보통주보다 열후적 취급을 받는 주식이다. 후배주는 회사의 경영이 유망하여 주식의 모집이 용이할 때 발행되는 것이 보통이다.

✿ 혼합주

혼합주는 특정한 사항에 대해서는 우선적 지위에 있고, 다른 사항에 있어서는 열후적 지위에 있는 주식이다. 예컨대 이익배당에서는 우선하고, 잔여재산분배에 있어서는 열후한 경우이다.

(3) 상환주식

㉮ 의의

상환주식이라 함은 발행 당초부터 회사가 스스로 또는 주주의 청구에 의해 회사의 이익으로써 소각할 것이 예정되어 있는 종류주식을 말한다

(상 345조 1항).

회사상환주식은 회사가 주식을 발행하여 우선 자금을 조달하고, 장차 자금 사정이 호전되면 그 주식을 상환함으로써 종전의 소유 구조를 회복하는 수단이 될 수 있다. 주주상환주식은 상환기간 내에 회사의 경영 상황을 탐색하여 투자를 쉽게 회수할 수 있어 그만큼 주식 투자로 인한 위험을 축소시킬 수 있다는 점이 주주에게 출자의 동기

를 마련해 주며, 회사는 이러한 점을 이용해 쉽게 자금을 조달할 수 있다.

상환주식은 상환주식과 전환주식을 제외한 다른 종류주식에 대해서도 발행할 수 있다(상 345조 5항).

나 발행

회사상환주식을 발행하는 경우에는 정관에 회사의 이익으로써 소각할 수 있다는 뜻, 상환가액, 상환기간, 상환방법, 상환할 주식의 수를 정해야 한다. 주주상환주식을 발행하는 경우에는 정관에 주주가 회사에 대해 상환을 청구할 수 있다는 뜻, 상환가액, 상환청구기간, 상환방법을 정해야 한다. 이들 사항을 상환조항이라고 한다.

다 상환

상환은 이익으로써만 할 수 있다(상 345조 1항). 이익이 없으면 상환기가 도래해도 상환할 수가 없다. 무액면주식은 발행 후에는 자본과 무관하므로 상환하더라도 당연히 자본에 영향이 없다. 액면주식도 배당가능이익으로 상환하므로 자본에 영향을 주지 않으며 '자본금 = 발행주식총수 × 1주의 금액'에 대한 예외 현상이 발생한다.

회사상환주식의 상환을 결정한 경우에는 상환 대상인 주식의 취득일로부터 2주간 전에 그 사실을 '그 주식의 주주(주주명부상의 주주)' 및 '주주명부에 적힌 권리자(등록질권자)'에게 따로 통지해야 하며, 통지는 공고로 갈음할 수 있다(상 345조 2항).

상환가액은 주식의 액면가액, 발행가액 또는 시가 등으로 자유롭게 정할 수 있다. 대개 정관에서는 그 기준만을 정하고 이사회가 이에 부합하는 실제의 상환가액을 정한다.

회사상환주식의 경우 상환기간은 발행시기 이후 일정 기간을 설정해 정하는데(예컨대, '발행 2년 이후 5년 내에 상환한다'), 그 기간 동안 이익이 없다면 상환할 수 없으므로 상환시기가 지연될 수 있다. 설사 이익이 없어 지연되더라도 회사나 이사에게 손해배상책임이 발생하지는 않는다. 주주상환주식의 경우에는 상환청구기간을 정해야 한다.

회사상환주식의 상환방법은 주주의 의사를 반영하는지 여부에 따라 임의상환과 강제상환이 있을 수 있고, 일시상환과 분할상환이 있을 수 있으며, 상환되는 재산의 종류에 따른 구분(현금 또는 현물)도 있을 수 있다.

라 상환의 효과

임의상환의 경우에는 회사가 상환을 위해 주주로부터 주식을 취득한 때, 그리고 강제상환의 경우에는 제440조를 준용해 회사가 설정한 주권제출기간이 경과한 때(상 441조)에 각각 상환의 효력이 발생한다. 상환으로 인하여 주식은 실효하므로 상환을 위해 회사가 자기주식을 취득·보유하는 일은 없다.

상환주식이 상환되면 회사의 발행주식수가 감소해 미발행주식수가 증가하는 외양이 생기는데, 증가한 부분에 대한 주식의 재발행이 가능한지에 관해서는 견해가 대립한다. 통설은 재발행을 인정하면 결과적으로 무한의 발행 수권을 인정하게 되어 다른 주주의 이익배당에 관한 권리를 침해하므로 불가능하다고 본다.

(4) 전환주식

가 의의

전환주식이란 주주가 다른 종류의 주식으로 전환할 수 있는 권리가 부여된 주식(주주전환주식)(상 346조 1항) 또는 회사가 다른 종류의 주식으로 전환할 수 있는 권리가 부여된 주식(회사전환주식)을 말한다(상 346조 2항).

이 제도는 회사의 사업과 주가에 대한 판단을 주주와 회사에 맡김으로써 회사의 자금 조달을 용이하게 하기 위한 것이다. 비참가적 우선주를 발행함과 동시에 보통주로의 전환권을 주주에게 부여하면 우선적 배당과 더 많은 수의 의결권에 관해 주주에게 선택권을 줌으로써 주주모집을 용이하게 할 수 있다. 이와 동일한 경우에 일정한 전환사유 아래에서 전환권을 회사에 부여하면 전환사유가 발생한 때에 회사가 재무관리나 경영권 방어 등을 고려해 전환 여부를 결정할 수 있게 하는 이점이 있다.

나 발행

회사가 종류주식을 발행하는 경우에는, 정관으로 정하는 바에 따라 주주는 인수한 주식을 다른 종류주식으로 전환할 것을 청구하거나(주주전환주식), 정관에 일정한 사유가 발생할 때 회사가 주주의 인수 주식을 다른 종류주식으로 전환할(회사전환주식) 수 있음을 정할 수 있다. 주주전환주식의 경우에는 정관에 전환의 조건, 전환의 청구기간, 전환으로 인하여 발행할 주식의 수와 내용을, 회사전환주식의 경우에는 정관에 전환의 사유, 전환의 조건, 전환의 기간, 전환으로 인하여 발행할 주식의 수와 내용을 정하여야 한다(상 346조 1항·2항). 이들 정관에 기재한 사항은 등기하여야 하고 주주명부와 주권에 기재하여야 한다(상 317조 2항 7호, 352조 2항). 전환의 조건은 전환될 주식과 전환으로 인하여 부여받을 주식의 비율을 말한다. 예컨대 우선주 1주를 보통주 1.5주로 전환해 준다는 것과 같다.

전환의 (청구)기간 중에는 회사는 전환으로 인하여 새로 발행할 주식의 수를 발행예정주식총수 중에 유보해야 한다(상 346조 4항). 즉 발행예정주식의 총수 가운데 전환으로 인하여 발행할 주식에 해당하는 종류의 주식에 미발행 수량이 남아 있어야 한다.

다 전환절차

❀ 주주전환주식

주주전환주식의 경우, 전환을 청구하고자 하는 주주는 청구서 2통에 전환하고자 하는 주식의 종류, 수와 청구연월일을 기재하고 기명날인 또는 서명한 후 주권을 첨부해 회사에 제출하여야 한다(상 349조). 전환청구는 그 기간 내에 언제나 가능하며 주주명부의 폐쇄기간에도 전환의 청구가 가능하다.

❀ 회사전환주식

회사전환주식의 경우, 정관으로 정하는 사유가 발생한 때에 한해 전환할 수 있다. 전환사유가 발생했다고 하여 당연히 전환을 해야 하는 것은 아니며 전환에 관한 의사결정이 필요하다. 이사회가 전환할 것을 결정하면 전환주식의 주주 및 주주명부상의 권리자에게 전환할 주식, 2주 이상의 일정한 기간 내에 그 주권을 회사에 제출해야 한다는 뜻, 그리고 그 기간 내에 주권을 제출하지 아니할 때에는 그 주권이 무효가 된다는 뜻을 통지해야 하며, 이 통지는 공고로 갈음할 수 있다(상 346조 3항).

라 신주식의 발행가액

전환으로 인하여 신주식을 발행하는 경우에는 전환 전의 주식의 발행가액을 신주식의 발행가액으로 한다(상 348조). 법문상의 '발행가액'은 '총발행가액'을 의미한다. 따라서 전환주식의 총발행가액과 신주식의 총발행가액이 동일한 액수이어야 한다. 이는 총발행가를 통해 전환조건을 납득할 수 있는 범위 내에서 제어함으로써 회사의 전환주식 발행이 신중하게 이루어지게 하려는 취지이다.

📵 전환의 효과

✿ 주주 지위의 전환

주식의 전환은 주주가 전환을 청구한 경우에는 그 청구한 때에, 회사가 전환을 한 경우에는 주권제출기간(상 346조 3항 2호)이 끝난 때에 그 효력이 발생한다. 주주의 전환청구권은 일종의 형성권이다.

주주전환주식의 경우, 주주명부폐쇄기간 중에 전환된 주식의 주주는 그 기간 중의 총회의 결의에 관하여는 의결권을 행사할 수 없고, 전환되기 이전의 주식으로써 의결권을 행사해야 한다(상 350조 2항).

✿ 자본의 증감과 미발행 부분의 증가

전환조건이 '1:1'인 경우를 제외하면 전환에 의해 자본금의 증감이 발생한다. 신주식의 총발행가액은 전환 전 주식의 총발행가액으로 하기 때문에(상 348조) 전환조건이 '1:1'을 초과하면 발행주식의 수가 증가하므로 자본금이 증가하며, '1:1' 미만이면 반대로 발행주식수가 감소하므로 자본금도 감소한다. 이때의 자본금감소로 회사채권자에 대한 책임재산이 감소하는 것은 아니므로 채권자보호절차는 필요하지 않다.

전환의 결과로서 새로 발행되는 주식의 수만큼 전환을 위해 유보했던 미발행 주식총수는 감소하게 되고, 반대로 효력이 상실된 전환 전 주식의 미발행분이 증가하게 된다. 증가된 부분에 대해 다시 주식을 발행할 수 있는지에 대하여는 수권주식의 범위 내에 있음을 이유로 이를 긍정하는 것이 통설이다.

(5) 의결권제한에 관한 종류주식

🕖 의의

회사는 의결권이 없는 종류주식이나 의결권이 제한되는 종류주식을 발행할 수 있으며, 이를 위해서는 미리 정관에 의결권을 행사할 수 없는 사항과 의결권 행사 또는 부활의 조건을 정한 경우에는 그 조건 등을 정하여야 한다(상 344조의3 1항). 이는 주주가 회사 경영에의 참가보다는 이익 배당이나 양도 차익에 더 많은 관심을 갖는 경우에 배당에 관한 우선권과 의결권을 교환함으로써 주주 입장에서는 경제적 이득을 보고, 회사(지배 주주) 입장에서는 원활한 자본 조달과 경영권 방어를 위한 유용한 수단을 얻게끔 기능할 수 있다.

🔵 나 유형

✿ 의결권 없는 주식

의결권 없는 주식이란 의결권이 전면적으로 배제되는 주식이다.

✿ 의결권이 제한되는 주식

의결권이 제한되는 주식이란 결의의 일부 안건에 관해 의결권이 없는 주식을 의미하며, 이러한 주식을 발행하려면 정관에 의결권을 인정하지 않는 의안을 열거해야 한다.

✿ 의결권 행사 또는 부활의 조건

의결권이 없는 주식 또는 의결권이 제한되는 종류주식에 대해 그 의결권의 행사 또는 부활을 허용하고자 하는 경우에 정관에서 그 조건을 정할 수 있다.

🔵 다 발행

의결권이 없거나 제한되는 주식의 총수는 발행주식총수의 4분의 1을 초과하지 못한다(상 344조의3 2항 전문). 만약 의결권이 없거나 제한되는 주식의 수를 과대하게 허용하면 극소수의 의결권 있는 주식으로 회사를 지배하는 비정상적인 상황이 발생할 수도 있기 때문이다.

그럼에도 불구하고 의결권이 없거나 제한되는 종류주식이 발행주식총수의 4분의 1을 초과해 발행된 경우에는 회사는 지체 없이 그 제한을 초

과하지 않도록 필요한 조치를 하여야 한다(상 344조의3 2항 후문). 필요한 조치로서는 의결권 있는 주식을 추가로 발행해 의결권이 없거나 제한되는 주식의 수를 기준비율 이하로 희석시키는 등의 방법을 생각할 수 있다.

5 주주와 주주권

1 주주의 개념

주주라 함은 주주권으로서의 주식의 귀속자, 즉 주식회사의 구성원을 말한다. 주식회사에서는 주식을 인수 또는 취득함으로써 주주가 된다.

주주의 자격에는 상법상 별다른 제한이 없다. 자연인에 한하지 않고 법인도 주주가 될 수 있다. 자연인은 능력, 연령, 성별 등에 관계없이 주주가될 수 있다. 주식회사는 전형적인 물적회사로서 사원의 개성이 중시되지않기 때문이다. 영리법인인 회사는 정관상의 목적에 관계없이 다른 회사의 주식을 취득해 주주가 될 수 있으며, 공익법인도 그 목적에 반하지 않는 한 다른 회사의 주주가 될 수 있다.

주식회사에서 주주의 인원수에 관한 상한은 없다. 다만 최소한 1인 이상의 주주가 있어야 한다.

2 주식평등의 원칙

(1) 의 의

'주식평등의 원칙'이란 주식회사의 사원인 주주가 회사와의 관계에서그가 갖는 주식의 수에 비례하여 평등하게 취급되는 것을 말하며, '주주평등의 원칙'이라고도 한다. 이 원칙은 회사에 있어서 일반적인 정의·형평 이념의 반영으로서 인정되는 것이다. 다수주주의 부당한 지배로부터

소액주주를 보호하기 위한 이론으로서 그 중요성이 인정되고 있다.

상법에 주식평등의 원칙을 직접 선언한 규정은 없다. 각 주주가 가지는 권리와 의무의 크기는 각자가 가지는 주식 수에 비례하여 정해진다.

(2) 적용 범위

주식평등의 원칙은 주식의 귀속자인 주주에게 인정되는 것으로 주주인 자격에서 갖는 법률관계에만 적용된다. 주식평등의 원칙의 구체적인 예로는, 의결권을 1주마다 1개로 하고(상 369조 1항), 이익배당은 각 주주가 가진 주식 수에 따라 지급하며(상 464조 본문), 잔여재산은 각 주주가 가진 주식 수에 따라 주주에게 분배되어야 하는(상 538조 본문) 것 등을 들 수 있다.

주식평등의 원칙도 법률의 규정에 의하여 이를 배제하거나 제한할 수 있다. 종류주식(상 344조), 소수주주권(상 366조), 감사선임 시 의결권제한(상 409조), 단주의 처리(상 443조) 등을 그 예로 들 수 있다.

(3) 위반의 효과

정관의 규정 또는 주주총회나 이사회의 결의가 주식평등의 원칙에 위반하는 경우 이들은 회사의 선의 여부에 관계없이 절대 무효인 것으로 보아야 한다. 다만, 불평등한 취급을 받는 주주 모두가 위반되는 규정 또는 결의에 동의하는 때에는 예외적으로 그 효력을 인정할 수 있을 것이다.

③ 주주권·주주의 권리

주식은 자본금의 구성 단위로서의 의미 외에 주주의 지위를 의미하기도 하며, 주주는 그 지위에서 회사에 대하여 여러 권리를 갖는다. 그리고 이러한 여러 권리가 모두 모여 주주권을 형성한다. 즉, 주식이 곧 주주의 지위를 의미하는 동시에 이러한 지위에서 회사에 대하여 갖는 여러 권리의 원천인 주주권을 의미하는 것으로 이해할 수 있다.

④ 주주의 권리의 분류

(1) 공익권과 자익권

주주의 권리는 그 권리의 목적에 따라 자익권과 공익권으로 나눌 수 있다. 자익권은 주주가 회사로부터 직접 경제적 이익을 받을 것을 목적으로 하는 권리이다. 이 권리는 재산적 내용을 가지므로 재산적 권리라고도 한다. 이익배당청구권(상 462조), 주권교부청구권(상 355조), 주식전환청구권(상 346조), 명의개서청구권(상 337조), 신주인수권(상 418조), 잔여재산  분배청구권(상 538조) 등이 이에 속한다.

이에 대하여 공익권은 주주가 회사의 운영 및 관리에 관여할 것을 목적으로 하는 권리이다. 이 권리는 회사의 의사결정에 참여하거나 부당한 회사 운영을 감독·시정하거나 그 구제를 구하는 것 등을 내용으로 하는 권리로서 의결권(상 369조), 각종 소 제기권(상 328조, 376조, 380조, 429조, 445조, 529조 등), 대표소송을 제기하는 권리(상 403조), 이사·감사의 해임청구권(상 385조, 415조), 회계장부열람청구권(상 466조), 회사의 업무 및 재산상태의 검사청구권(상 467조), 해산판결청구권(상 520조) 등을 들 수 있다.

(2) 단독주주권과 소수주주권

주주의 권리는 주주가 가진 주식 수와 관계없이 각 주주가 단독으로 행사할 수 있는 것과 회사가 발행한 주식 총수의 일정 비율에 해당하는 주식을 가진 주주만이 행사할 수 있는 것으로 나눌 수 있다. 전자를 단독주주권, 후자를 소수주주권이라 한다.

단독주주권은 비록 1주를 가진 주주라도 행사할 수 있는 것으로 원칙적 형태의 주주의 권리라고 할 수 있다. 자익권은 모두 단독주주권이다. 이와는 달리 소수주주권은 주주의 경영 간섭을 허용하는 동시에 그 남용을 방지하는 취지에서 인정되는 예외적 형태의 주주의 권리이다.

① 유지청구권(상 402조), 대표소송제기권(상 403조)은 발행주식총수의 100분의 1 이상을 요하고, ② 주주제안권(상 363조의2 1항), 주주총회소집청구권(상 366조), 집중투표청구권(상 382조의2), 이사해임청구권(상 385조), 회계장부열람권(상 466조), 업무·재산상태검사청구권(상 467조)은 발행주식총수의 100분의 3 이상을 요하며, ③ 회사해산판결청구권(상 520조)은 100분의 10 이상을 요한다.

상장회사의 경우에는 그 주식이 광범위하게 분산되어 있으므로 소수주주권의 원활한 행사를 위해 지주기준을 완화하고 있다. 나아가 자본금 1천억 원 이상인 상장회사의 경우에는 그 기준이 2분의 1로 더욱 완화되어 있다. 다만, 상장회사의 경우에는 지주비율 이외에 계속보유기간(6개월)에 관한 요건이 추가되어 있다.

한편, 상장회사는 정관에서 상법에서 규정한 것보다 단기의 주식 보유기간을 정하거나 낮은 주식 보유비율을 정할 수 있다(상 542조의6 8항).

Chapter

2

주식회사의
기관

Chapter
2 주식회사의 기관

1 개 요

1 기관의 의의

주식회사는 복수의 사원을 구성원으로 하는 법인으로서, 회사가 사회·경제적으로 활동하는 유기체로서 실재하고, 독립·고유의 활동을 행하는 것으로 인정되는 이상, 그 자체의 의사와 행위를 갖게 되는데, 그 단체로서의 조직 구성상 회사의 의사 또는 행위는 일정한 지위에 있는 자의 의사 또는 행위에 의해 실현된다. 이와 같은 법률상 회사의 의사 또는 행위로 인정될 만한 의사결정 또는 행위의 실현을 위한 회사의 조직 구성상 존재를 회사의 기관이라 하며, 그 기관이 가지고 있는 권능을 권한이라 한다. 이러한 회사의 기관은 회사의 활동에 불가결한 존재이다. 회사가 독립된 유기체로서 사회적·경제적으로 활동하기 위한 회사의 의사능력, 행위능력 및 불법행위능력의 구체적 실현이 기관에 의해 이루어진다.

회사의 기관은 형식적으로는 회사 그 자체가 아니다. 그러한 기관의 의사결정 또는 행위의 효과가 법률상 권리·의무의 주체인 회사에 귀속하게 된다는 점에서는 대리의 경우와 공통되지만, 기관 그 자체가 독립된 인격의 주체가 아닌 점에 있어서 대리와는 다르다. 대리와 기관에 의한 행위·권한에 관한 대표는 구별해야 한다.

2 기관의 구성과 특색

(1) 기관의 구성

주식회사의 기관은 그 권한에 따라 철저하게 분화되어 있다. 회사의 기본적인 의사결정을 행하는 주주총회, 회사의 업무집행 및 회사 대표기관으로서의 대표이사, 업무·회계의 감사(監査)를 담당하는 감사(監事)의 3개 기관을 중심으로 구성되어 왔다. 이 기관들 가운데 회사의 조직 및 운영에 관한 중요 사항에 대해 회사의 의사를 결정하는 주주총회와 회사의 업무집행에 관한 의사를 결정하는 이사회는 '법률상 회의체'로서의 구성을 취하는 데 반해, 회사의 업무집행 및 회사 대표를 담당하는 대표이사, 회사의 업무 및 회계의 감사를 담당하는 감사 및 회사의 업무·재산 상황의 검사를 담당하는 검사인은 (원칙적으로) 개인기관으로 한다. 복수의 자가 이러한 기관으로서 존재하는 경우에도 특별한 경우(예컨대 상 389조 2항)를 제외하고 각자 독립적으로 그 권한을 행사할 것으로 설계되어 있다.

(2) 기관의 분화

회사의 기관은 회사의 종류에 따라 그 태양이 고르지는 않지만, 주식회사는 개성이 없는 다수의 주주를 구성원으로 하는 대규모 사단임을 반영해 그 기관은 극도로 분화되어 있다. 즉, 주식회사에 있어서도 본래 주주는 회사의 공동소유자로서 공동으로 회사의 지배·경영권을 가져야겠지

만, 현실적으로 주주는 유한적 재산출자로서 회사에 관여할 뿐이다. 따라서 주식회사는 다수의 그러한 주주에 의한 자본적 결합체인 실체를 가진다는 점에서 주주와 회사와의 인적 관계, 주주 상호 간의 인적 관계는 극히 희박하며, 주주에게 스스로 기업의 경영을 담당할 의사는 원래 존재하지 않고 또 그것을 기대하는 것도 사실상 불가능하다. 그렇기 때문에 주주 자신은 회사의 기본적 사항에 대해 주주총회라는 의사결정기관에만 관여하는 것으로 하고, 회사의 업무집행에 대해서는 그것을 위한 의사결정과 그 구체적 집행행위, 회사대표행위는 그것을 담당하는 기관인 이사(이사회 및 대표이사)에게 위임하여 실행하도록 할 수밖에 없다. 또한 이사에 의한 업무집행을 감독하기 위해서 주주총회는 결산의 승인과 이사의 해임에 관한 권한을 가질 뿐 아니라 감사를 선임하여 이사의 직무집행에 관한 지속적인 감사를 실시하게 한다. 이러한 주주총회, 이사 및 감사라는 3개 기관의 정립에 의한 기관 분화의 구성은 18세기 이후 서구 정치에서의 국가 통치에 대한 삼권분립 사상으로부터 영향을 받은 것이다. 이 체제는 사적 기업의 구성에 있어서 전제적 회사 운영을 회피하고 기관 상호 간의 견제와 조화(check and balance)를 통해 사적 이익의 합리적 조정의 실현을 의도한 것이다. 하지만 현실에서는 그 기대된 효과가 충분히 실현되지는 않았다.

　주식회사의 실질적 소유자인 주주로 구성된 주주총회는 본래 최고의 기관이고 법도 그렇게 기대하고 있었지만, 대부분의 주주는 이익배당이나 시세 변동에 의한 차익과 같은 경제적 이익을 추구할 뿐이었다. 이들은 자신의 권리(의결권) 행사에는 관심이 없었다. 적극적으로 총회에 참석하는 주주는 일정한 범위로 한정되기 때문에 주주총회는 형해화를 피할 수 없게 되었다. 또한 이사선임권은 형식적으로는 주주총회에 있지만, 그 후보자를 선정하는 과정 등이 극히 일부의 대주주 또는 그 영향하에 있는 경영진(이사, 특히 그 정점에 있는 대표이사)의 강력한 영향력 아래에 놓이게 되는 결과를 초래했다. 게다가 이사회의 기능도 그 구성원인 이사의 선임 과정에 절대적인 영향력을 행사하는 대주주 및 경영진의 실제적 조정하에 놓이게 되었다. 나아가 이사의 직무집행을 감독해야 할 감사의 선임에 대해서도 그 선임은 주주총회에서 이루어지고, 그 후보자 선정 과정에서 대주주 및 경영진의 영향력을 강하게 받으므로 그 감사 기능을 충분히 기대하기 어려워졌다.

이처럼 주식회사의 경영에 있어서 그 실질적인 지배 기능은 주주총회로부터 이사, 특히 대표이사의 수중으로 이동해 왔으며, 주식회사에서의 소유와 경영의 분리 현상은 법의 예상을 훨씬 넘어 추진되어 온 것이 사실이다. 주식회사의 기관에 관한 법적 규제의 발전은 기본적으로 이러한 기관의 분화를 유지하면서 각국의 경제와 기업의 발전에 대응하여 이를 현대화 및 합리화하고, 각 기관이 충분히 기능할 수 있게끔 하려는 노력의 궤적이었다고 해도 과언이 아니다. 이는 우리나라 법 제도의 연혁에서도 볼 수 있듯이, 한편으로 기관 구성의 기술적 분화의 진전과 그와 관련된 법 규제의 세밀화를 가져오는 동시에, 다른 한편으로 각 기관의 기능 분담에 대한 시행착오의 반복 현상을 보여주고 있다. 그리고 이러한 법 규제의 노력에도 불구하고 기업 경영의 적정화는 법이 예정하는 충분한 실효성을 얻지 못한 것이 현실이다. 그 원인은, 이 문제가 이사 등 경영을 담당하는 자의 의식, 도덕성의 개선 및 향상, 주주의 의식개혁 등 법이 완수할 수 있는 기능을 넘어서는 문제의 해결 없이는 그 실현이 불가능하다는 데 있다.

(3) 사원자격과 기관자격

각종 회사의 기관구성에서 사원이 부담하는 책임의 강도는 필연적으로 사원의 기업경영에 대한 참여의 농도에 반영된다. 주식회사에서는 합명

49

회사 등의 인적회사와 달리 사원자격과 기관자격과의 일치는 찾을 수 없다. 주주가 사원의 자격에서 법률상 당연하게 기관의 구성원이 되는 것은 회사의 기본적 사항에 관한 의사결정기관인 주주총회의 경우로 한정된다. 업무집행, 회사대표 및 업무감사를 담당하는 각 기관에 대해서는 주식회사의 경우 사원자격과 기관자격의 결합을 법률상으로 예정하지 않음으

로써 사원자격과 기관자격과의 제도상 관련성을 부정하는 태도를 취하고 있다. 그렇다고 해서 회사의 업무집행기관, 대표기관 또는 감사기관에 사원인 주주가 선임되는 것까지 금지하는 것은 아니다. 실제로 주주가 이사, 대표이사로 되어 있는 예는 매우 많고, 감사가 주주인 경우도 적지 않다.

주식회사의 이사나 감사와 같이 특히 주주총회에서 선임되어 기관의 지위에 오른 자와 회사 사이의 관계는 위임관계이며, 그 권한은 전적으로 회사를 위하여 행사되어야 한다. 하지만 주주총회에서의 의결권 행사나 소수주주권과 같은 감독·시정권 행사는, 한편으로는 기관으로서의 행동이지만, 다른 한편으로 그것은 실질적으로 사원관계의 반영이라고 할 수 있다. 사원자격이 기관자격과 필연적으로 결합되어 있는 기관에서는 기관 구성원으로서 그 권한을 행사하는 국면에서도 사원이 가진 고유한 이익이 필연적으로 그 행동의 기초가 되어 있는 점은 부정할 수 없고, 그것을 부정하는 것도 원칙적으로는 필요하지 않다. 다만 주주의 권리 행사의 효과는 때로는 그 고유의 이익 범위를 넘어서 필연적으로 전체의 이익을 처분하는 것이 될 수도 있다는 점(예를 들면 결의취소의 소의 효과)에서 그 권리 행사가 타인의 이익을 부당하게 해치는 경우에는 그 행사 자체를 제약하게 된다.

2 주주총회

① 주주총회의 의의

(1) 주주총회의 개념

　주주총회란 출자자인 주주로 구성되어 주주의 다수결에 의해 주식회사의 기본적 사항에 관한 회사의 의사를 결정하는 필요적 상설기관이다. 주식회사의 의사결정기관으로는 주주총회를 우선 생각할 수 있으나 이사회 및 대표이사도 엄연히 각각의 권한에 따라 의사결정을 행하는 기관이다.

　주식회사의 의사결정기능은 내용에 따라서 각 기관에 분속되어 있으며, 주주총회는 주식회사의 기본적 사항에 관하여 주주의 총의에 의해 의사결정을 행하는 기관이다. 그 결정의 집행은 대표이사에 의하여 이루어진다(기관권능의 분화). 주주총회는 또한 회사의 기본적 의사결정에 관하여 법정의 전속적 권한을 갖는 필요적 기관이며, 주식회사의 성립과 동시에 별도의 절차 없이 당연히 인정되는 최고의 의사결정기관으로 존재하는 상설기관이다.

　주주총회는 주주만이 그 구성원이 된다. 이사나 감사는 주주총회에 출석하여도 주주총회의 구성원이 되지 않는다. 주주총회는 회사의 업무집행에 관한 일반적, 일상적 사항의 결정권을 이사회에 위임하고, 상법 또는 정관에서 정하는 사항에 한하여 결의한다(상 361조).

(2) 정기주주총회와 임시주주총회

　주주총회는 그 소집 시기에 따라 정기총회와 임시총회로 구분한다. 정기총회와 임시총회는 그 소집 시기가 다를 뿐이지 그 권한이나 결의의 효력에는 아무런 차이가 없다.

정기총회는 매년 1회 일정한 시기에 소집해야 하며, 연 2회 이상의 결산기를 정한 회사는 매기마다 소집해야 한다(상 365조). 정기총회에서는 주로 재무제표의 승인 등 결산에 관한 사항을 결의한다. 그 외에 이사나 감사의 선임과 해임, 정관변경 등 총회의 권한에 속하는 사항도 당연히 결의할 수 있다. 정기총회의 개최 시기는 미리 정관에서 정해 놓는 것이 보통이다. 특정일로 정하는 방법(매년 3월 10일)은 물론, 확정할 수 있는 기준을 정하는 방법(매년 3월의 두 번째 화요일)도 가능하다.

이에 대하여 임시총회는 필요에 따라 수시로 소집되는 총회이다.

② 주주총회의 권한

(1) 서 언

주주총회는 회사 내부에서 회사의 중요 사항에 대해 회사의 의사를 결정하는 회의체기관이므로 대내외적으로 회사의 업무를 집행할 수는 없다. 과거 주주총회는 법령 또는 정관에 반하지 않는 한 회사에 관한 어떠한 사항도 결정할 수 있는 만능의 최고기관이었으나 현행 상법은 회사의 업무집행에 관한 일반적 사항의 결정권을 이사회에 주고 있다. 즉 입법의 경향이 주주총회의 권한을 대폭 축소함과 동시에 이사회의 기능이 강화되는 추세에 있다.

주주총회는 상법 또는 정관에서 정하는 사항에 한하여 결정권을 가진다고 하였으므로(상 361조) 정관에 다른 규정이 없으면 업무집행에 관한 의사결정권은 이사회에 속한다(상 393조).

(2) 상법상의 권한

상법에서는 회사 기관의 구성, 회계·업무감독과 같은 감시적 기능, 회사의 기초적 조직변경 등과 관련된 여러 사항에 주주총회의 결의를 요하도록 하여 그 권한을 정하고 있다.

구체적으로 ❶ 이사, 감사의 선임과 해임(상 382조, 385조, 409조, 415조), 청산인의 선임과 해임(법 531조, 제539조), 검사인의 선임(법 366조 3항, 367조 1항) 등과 같은 회사 기관의 구성에 관한 사항, ❷ 재무제표의 승인(상 449조 1항), 이익배당 및 주식배당의 결정(상 462조 2항, 462조의2 2항), 배당금 지급 시기의 결정(상 464조의2 1항 단서), 청산의 승인(상 540조 1항) 등 회계와 관련된 사항 ❸ 이사, 감사, 청산인의 보수 결정(상 388조, 415조, 542조 2항) 및 발기인, 이사, 감사, 청산인의 책임 면제(상 324조, 400조, 415조, 542조 2항), 주주 이외의 자에 대한 전환사채 또는 신주인수권부사채의 발행(상 513조 3항, 516조의2 4항) 등 업무 감독과 같은 감시적 기능에 대한 사항 ❹ 주식의 포괄적 교환이나 이전(상 360조의3 1항, 360조의16 1항), 영업양도(상 374조 1항), 정관변경(상 434조), 자본금감소(상 438조 1항), 합병, 분할, 조직변경, 해산(상 522조 1항, 530조의3 1항, 604조 1항, 518조) 등 회사의 기초적 조직변경과 관련된 사항들을 정하고 있다.

(3) 정관에 의한 결의사항

상법이나 특별법의 규정이 없는 사항은 정관의 정함에 따라 주주총회의 결의사항으로 할 수 있다(상 361조). 또한 다른 기관의 권한으로 되어 있지만, 명문의 규정으로 주주총회의 권한으로 유보할 수 있다고 되어 있는 사항, 예컨대 대표이사의 선정이나 신주발행은 이사회가 결정하지만, 정관에 규정을 두어 주주총회의 결의에 의하도록 할 수 있다(상법 389조 1항 단서, 416조 단서).

이러한 유보 조항이 없는 사항에 대해 주주총회의 최고기관성 또는 정관자치의 확대 등을 근거로 주식회사의 본질이나 강행법규에 반하지 않는 한 다른 기관의 권한에 속하는 사항도 정관에 규정을 두어 주주총회의 권한으로 할 수 있다는 견해가 있다. 반면 소유와 경영의 분리라는 상법의 이념 그리고 권한 분배에 관한 상법 규정의 강행규범성 등을 이유로

유보 조항 없이는 정관에 의해서도 이사회의 권한을 주주총회의 권한으로 할 수 없다는 견해도 있다.

③ 주주총회의 소집

(1) 소집권자

총회의 소집은 상법에 다른 규정이 있는 경우 외에는 이사회가 이를 결정한다(상 362조). 이는 강행규정으로서 정관에 의해서도 주주총회의 권한으로 할 수 없다. 주주의 경영에 대한 간섭을 차단하는 취지로서 소유와 경영의 분리라는 상법의 이념을 실질적으로 확보하는 장치인 셈이다.

가 원칙

주주총회의 소집은 정기주주총회, 임시주주총회를 불문하고 원칙적으로 해산 전에는 이사회에서 결정하고(상 362조), 청산 중의 회사에서는 청산인회에서 결정한다(상 542조 2항). 이사회에서는 소집의 뜻과 일시, 장소, 의안 등을 결정하고 이 결정에 따라 대표이사가 구체적으로 소집절차를 집행하게 된다. 이사회의 소집결정 없이 대표이사가 단독으로 소집하는 경우는 소집절차에 하자가 있어 주주총회 결의취소의 소의 원인이 된다(상 376조). 다만 이사가 1인인 소규모 주식회사(자본금 총액이 10억 원 미만인 회사)의 경우에는 그 이사가 결정하여 집행한다(상 383조 1항 단서).

나 예외

❀ 소수주주

상법은 주주의 정당한 의사 형성을 방해하는 이사의 전횡을 견제하자는 취지에서 소수주주에 의한 주주총회의 소집을 규정하고 있다. 소수주주의 주주총회 소집청구권은 공익권에 해당한다.

발행주식총수의 100분의 3 이상에 해당하는 주식을 가진 소수주주는 회의의 목적사항과 소집의 이유를 기재한 서면 또는 전자문서를 이사회에 제출하여 임시주주총회

의 소집을 청구할 수 있다 (상 366조 1항). 상장회사의 경우에는 소수주주의 지주비율이 1,000분의 15 이상으로 완화된다(상법 542조의6 1항). 다만 상장회사의 경우에는 지주비율 외에 지주기간이 요건으로 추가되어 해당 주식을 6월 전부터 계속 보유해야 한다.

이사회가 소수주주의 소집청구를 받고 지체 없이 총회소집절차를 밟지 않으면 소수주주가 법원의 허가를 얻어 총회를 소집할 수 있다(상 366조 2항 전문). 이 경우 주주총회의 의장은 법원이 이해관계인의 청구나 직권으로 선임할 수 있다(상 366조 2항 후문).

법원의 허가 결정에 대한 불복은 불가능하다(비송 81조 2항).

🌸 감사(감사위원회)

감사 또는 감사위원회는 회의의 목적사항과 소집의 이유를 기재한 서면을 이사회에 제출하여 임시주주총회의 소집을 청구할 수 있다(상 412조의3 1항, 415조의2 7항). 감사의 실효성을 담보하기 위한 취지이다.

이사회가 감사(감사위원회)의 소집 청구를 받고 지체 없이 총회소집절차를 밟지 않으면 감사(감사위원회)가 법원의 허가를 얻어 총회를 소집할 수 있다(상 412조의3 2항, 415조의2 7항).

🌸 법원의 명령

회사의 업무집행에 관하여 부정행위 또는 법령이나 정관을 위반한 중대한 사실이 있음을 의심할 사유가 있는 때에는 발행주식총수의 100분의 3 이상에 해당하는 주식을 가진 주주는 회사의 업무와 재산상태를 조

사하게 하기 위해 법원에 검사인의 선임을 청구할 수 있다(상 467조 1항). 회사의 업무와 재산상태를 조사한 검사인은 그 조사의 결과를 법원에 보고하여야 하며(상 467조 2항), 이 보고에 의하여 필요하다고 인정한 때에 법원은 대표이사에게 주주총회의 소집을 명할 수 있다(상 467조 3항). 이때에는 별도로 이사회의 주주총회 소집결의를 필요로 하지 아니하며, 이 명령에 위반하면 과태료의 제재를 받는다(상 635조 1항 22호).

(2) 소집지, 소집장소 및 회의일시

주주총회는 정관에 다른 정함이 없으면 '본점소재지 또는 이에 인접한 지'에 소집하여야 한다(상 364조). 여기서 소재지 또는 인접지라 함은 특별시, 광역시, 시·군 등 상사거래의 동일한 생활권을 이루는 행정 단위로 파악해야 한다. 고의로 주주의 출석을 방해하기 위해 출석이 곤란한 곳을 소집지로 정하는 것을 방지하기 위한 규정이다. 따라서 소집지를 벗어난 면 거리의 장소에서 소집하게 되면 위법이다.

소집장소는 소집지 내의 적당한 장소를 말한다. 교통이 불편하거나 모이는 인원보다 협소한 장소의 선택이나 회의장으로의 유도 방법 등이 불공정한 때에는 결의취소의 소의 원인이 된다.

회의일시는 주주의 출석이 가능한 합리적인 시간대로 정해야 한다. 예컨대 공휴일이나 새벽 시간 혹은 한밤중에 소집하는 것은 현저히 불공정한 경우에 해당한다.

(3) 소집절차

주주총회를 소집하려면 회일을 정하여 2주 전에 각 주주에게 서면으로 통지를 발송하거나 각 주주의 동의를 받아 전자문서로 통지를 발송하여야 한다(상 363조 1항). 소집통지에는 총회 개최일시, 소집지, 소집장소와 회의의 목적사항을 기재해야 한다. 이는 회의의 개최에 대한 주주의 준비를 위한 것이다.

주주명부에 기재된 주소 혹은 주주가 회사에 통지한 주소로 발송하면 회사는 면책된다(발신주의). 또한 장기간(3년간)에 걸쳐 통지가 주주에게 도달하지 않는 경우 회사의 통지의무는 면제된다(상 363조 1항 단서).

자본금 총액 10억 원 미만의 소규모 회사는 주주총회를 소집할 때에 총회일의 10일 전에 소집통지를 발송할 수 있으며(상 363조 3항), 주주 전원의 동의가 있는 경우에는 소집절차 없이 주주총회를 개최할 수 있다(상 363조 4항).

4 주주제안권

주주제안권이란 주주가 일정한 사항을 주주총회의 목적사항으로 제안할 수 있는 권리이다. 이는 회사 경영에서 소외된 일반 주주들에게 회사의 의사결정에 참여할 기회를 주기 위한 취지이다.

상법상 주주제안은 의결권 있는 발행주식총수의 100분의 3 이상을 가진 주주에게 허용된다(상 363조의2 1항). 상장회사의 경우 6개월 전부터 계속하여 1,000분의 10 이상(자본금이 1천억 원 이상인 상장회사는 1,000분의 5 이상)의 주식을 보유한 소수주주에게 주주제안권이 인정된다(상법 542조의6 2항).

상법상 주주제안을 할 수 있는 주주는 이사에게 주주총회일 6주 전에 서면 또는 전자문서로 일정한 사항을 주주총회의 목적사항으로 할 것을 제안할 수 있으며(의제제안, 상법 363조의2 1항), 이에 추가하여 당해 주주가 제출하는 의안의 요령을 주주총회의 소집통지에 기재할 것을 청구할 수 있다(의안 제안, 상법 363조의2 2항).

이사는 주주제안이 있는 경우에는 이를 이사회에 보고하고, 이사회는 주주제안의 내용이 법령 또는 정관을 위반하거나 주주제안의 제한사유(상시 5조)에 해당하지 않는 한 주주총회의 목적사항으로 상정하여야 한다

(상법 363조의2 3항 전문). 이때 주주제안을 요청한 자의 청구가 있는 때에는 주주총회에서 당해 의안을 설명할 기회를 주어야 한다(상법 363조의2 3항 후문).

5 주주의 의결권

(1) 의 의

주주의 의결권이란 주주가 주주총회에 출석하여 그 결의에 참가할 수 있는 권리이다. 즉 주주가 회사에 대한 출자자로서 행하는 회사 지배는 주식회사의 집단적 성질상 주주총회라는 기관을 통하여 이루어지는데, 이러한 주주총회에 출석하여 의사 형성을 위해 결의에 참가함으로써 회사 지배에 관여한다. 이러한 주주의 법적 수단 내지 법적 권리가 의결권이다. 주주총회는 회사의 경영을 담당하는 이사의 선임과 해임을 비롯하여 회사의 조직과 운영에 관한 중요사항에 대한 결정권을 가지고 있기 때문에 그 결의에 참가할 것을 내용으로 하는 의결권은 주주가 가지는 중요한 권리 중의 하나이다.

의결권은 회사의 관리와 운영에 참가할 것을 내용으로 하는 공익권에 속하며, 정관이나 총회결의로서도 박탈할 수 없는 고유권이다. 다만 의결권 없는 주식 등 법에 의한 예외가 인정된다.

(2) 의결권의 수

상법은 제369조 제1항에서 "주주는 1주에 대하여 1개의 의결권을 가진다"고 규정함으로써 이른바 '1주1의결권의 원칙'을 규정하고 있다. 1주에 수 개의 의결권을 인정하는 복수의결권주식(dual class stock)은 허용되지 않는다. 이 규정은 강행규정이므로 법률이 인정하는 예외를 제외하고는 정관 또는 주주총회의 결의로서도 이 원칙에 반하는 규정을 할 수 없다.

(3) 의결권의 행사

㉮ 의결권 행사의 절차와 방법

주주가 주주총회에서 의결권을 행사하기 위해서는 총회 당일 현재 주주명부상 주주로 등재되어 있어야 하며, 기준일이 설정되어 있는 때에는 기준일 현재 주주명부상 주주여야 한다. 주주명부상의 명의개서를 하면 주권의 제시가 없어도 의결권을 행사할 수 있다.

자연인 주주의 경우에는 본인이, 법인 주주의 경우에는 대표기관이 의결권을 행사한다.

㉯ 의결권 행사의 제한

상법에서는 일정한 경우에 주주가 의결권을 행사할 때 1주1의결권의 원칙에 대한 예외를 인정하여 의결권을 박탈하거나 제한하고 있다. 상법상의 제한으로는 의결권 없는 주식(상 344조의3 1항), 자기 주식(상 369조 2항), 상호주(상 369조 3항), 특별한 이해관계를 갖는 자(책임면제의 경우로서 상 324조, 400조, 408조의9, 415조, 415조의2 7항; 영업양도수 및 경영 위임 시 상대방 보수 결정의 경우로서 상 388조, 425조), 감사선임 시의 제한(상 409조 2항), 집중투표 시의 제한(상 542조의7 3항) 등이 이에 해당한다.

또한 계약에 의한 의결권 행사의 제한도 가능하다(의결권구속계약). 이때 주주 상호 간 또는 주주와 제3자 간에 의결권 또는 그 행사에 관하여 의무를 지우는 계약은 그 내용이 주식의 본질 또는 사회질서에 반하지 않는 한 유효하다. 이 계약에 위반한 의결권 행사는 회사에 대한 관계에서는 유효하나 계약 당사자 간에는 채권적 효력이 발생한다.

다 의결권의 불통일행사

의결권의 불통일행사는 주주가 2개 이상의 의결권을 가지고 있는 경우에 주주총회의 의안에 대하여 그 의결권을 통일적으로 행사하지 않고 일부는 찬성, 나머지는 반대로 행사하는 것을 말한다. 명의상 주주와 사실상 주주가 다른 경우에 실질주주의 이익을 보호할 수 있다.

불통일행사를 하려면 2개 이상의 의결권을 가진 주주가 회일의 3일 전에 회사에 대하여 서면 또는 전자문서로 불통일행사의 뜻과 이유를 통지해야 한다(상법 368조의2 1항). 통지는 회일 3일 전까지 회사에 도달해야 한다.

회사는 어떠한 경우에나 모두 불통일행사를 허용해야 하는 것은 아니다. 주주가 주식의 신탁을 인수했거나 기타 타인을 위해 주식을 가지고 있는 경우 외에는 불통일행사를 거부할 수 있다(상 368조의2 2항).

불통일행사된 의결권은 각각 유효한 찬성 또는 반대의 투표로 그 수가 계산되고, 정족수의 계산에도 포함된다. 수 개의 의안이 있는 경우에는 의안에 따라 선택적으로 통일 또는 불통일로 행사할 수 있고, 불통일행사의 경우 의안별로 찬성과 반대의 수를 다르게 할 수 있다.

라 의결권의 대리행사와 대리행사의 권유

❀ 의결권의 대리행사

의결권의 대리행사는 주주가 의결권을 스스로 행사하지 않고 대리인으로 하여금 행사하게 하고 이를 주주 본인의 의결권 행사로 보는 제도이다(상 368조 2항). 의결권의 대리행사는 주주의 의결권 행사 방식을 확대함으로써 주주가 의결권을 행사할 기회를 실질적으로 보장한다는 점에서 중요한 의의를 가진다. 또한 백지위임장에 의한 의결권 대리행사에서 볼 수 있듯이, 특히 주식이 광범하게 분산된 경우에 주주총회의 운영에 필요한 정족수를 확보한다는 차원에서도 매우 유용한 제도이다.

대리인은 그 자격에 있어 특별한 제한을 받지 않는다. 무능력자나 법인도 가능하다. 다만 회사 자신은 주주의 의결권을 대리행사할 수 없다.

의결권의 대리행사에 있어 그 대리인의 자격을 정관에서 주주로 제한하는 취지의 규정을 둔 경우에 그 효력에 관하여 견해가 나뉜다. 주주로 제한한다면 주주의 의결권 행사 방식을 제한하는 것이므로 실질적으로 주주의 의결권을 침해하게 되므로 부당하다. 한편, 대리인의 수에 대해서도 규정이 없다. 공동대리가 법상 인정된다는 점(민 119조)에서 굳이 공동대리를 부인할 이유가 없다고 본다.

주주가 의결권의 대리행사를 하려면 대리인은 그 대리를 증명하는 서면을 회사에 제출해야 한다(상 368조 2항 후문). 대리권을 증명하는 서면은 원본이어야 하며 사본은 허용될 수 없다. 대리인은 주주로부터 수권받은 대로 의결권을 행사해야 한다. 수권의 내용에 위반하여 대리권을 행사하더라도 결의의 효력에는 영향을 미치지 않지만, 당사자 사이에서는 채무불이행의 문제가 발생할 수 있다. 대리인이 수인의 주주로부터 대리권을 받았다면 각각의 수권 내용에 따라 의결권을 불통일 행사할 수 있다.

❀ 의결권의 대리행사권유

의결권의 대리행사권유(위임장권유)는 회사 경영권의 방어 또는 탈취를 위해 의결권을 확보하고자 하는 자가 대리인이 되기 위해 주주들에게 집단적으로 의결권의 위임을 권유하는 것이다. 주식의 광범위한 분산으로 인한 저조한 주주총회 참석률을 극복할 수 있는 긍정적 측면이 있으나 때로는 무능한 경영자의 색채로 도색된 의결권이 양산됨으로써 주주총회의 허구화를 촉진할 수 있는 부정적 측면도 공존한다.

상법에서는 별다른 규제를 하고 있지 않은데, 「자본시장과 금융투자업에 관한 법률」에서는 주주의 정확한 판단에 의한 의결권 행사를 담보할 목적으로 위임장 용지는 주주총회의 목적사항 각 항목에 대해 의결권 피권유자가 찬반을 명기할 수 있도록 하여야 하고(자금 152조 4항), 의결권 권유자는 위임장 용지에 나타난 의결권 피권유자의 의사에 반하여 의결권을 행사할 수 없도록(자금 152조 5항) 하는 등의 규제를 하고 있다.

6 주주총회의 결의

(1) 결의의 의의와 법적 성질

주주총회의 결의는 자본다수결 방식의 표결에 의해 형성된 주주총회의 의사표시이다. 일단 결의에 의해 의사가 형성되면 대내적 규범이 되어 주주와 기관들을 구속하며 대외적 행동을 구속한다.

결의는 법률에서 정하는 요건을 충족하는 적극적 결의인 가결과 요건을 충족하지 못하는 소극적 결의인 부결로 나눌 수 있는데, 상법상 주주총회의 결의는 가결을 의미한다.

(2) 결의요건

상법상 주주총회의 결의요건에는 보통결의, 특별결의, 특수결의의 세 가지가 있다.

가 보통결의

보통결의는 '출석한 주주의 의결권의 과반수'와 '발행주식총수의 4분의 1 이상'의 찬성으로 이루어지는 결의이다(상 368조 1항). 법으로 정해진 사항 이외에도 정관에 의해 총회의 권한사항으로 규정된 사항에 대해서는 이 요건으로 결의한다. 즉 상법이나 정관에서 특별결의나 총주주의 동의를 요하도록 정한 사항 이외의 결의사항은 모두 보통결의에 의한다.

보통결의의 요건은 정관에 의하여 가중할 수 있으나 경감할 수 없다고 해석된다. 결의 시에 출석한 주주의 의결권의 과반수 찬성이 필요하므로 가부동수의 경우는 과반수를 충족하지 못하므로 당연히 결의가 성립되지 않아 부결된 것으로 본다. 이 경우에 의장에게 결정권을 주는 것 또한 1주 1의결권의 원칙이나 주식평등의 원칙에 따라 허용될 수 없다. 게다가 의장이 주주가 아닌 때에는 더욱 그렇다.

🔵 특별결의

특별결의는 '출석한 주주의 의결권 3분의 2 이상'과 '발행주식총수의 3분의 1 이상'의 찬성으로 이루어지는 결의이다(상 434조). 특별결의의 요건은 정관으로 경감할 수 없다고 보는 데 견해가 일치하지만, 가중에 관해서는 견해가 나뉜다.

상법상 특별결의사항으로는 회사의 기초에 구조적 변경을 초래하는 사항으로서 정관변경(상 434조), 자본금감소(상 438조), 주식분할(상 329조의2), 합병(상 522조), 분할·분할합병(상 530조의3), 주식교환·이전(상 360조의3, 360조의16), 영업양도·영업양수(상 374조), 회사의 해산·계속(상 518조, 519조) 등이 있고, 주주의 이해관계에 다대한 영향을 주는 사항으로 이사·감사의 해임(상 385조 1항, 415조), 주식매수선택권의 부여(상 340조의2), 사후설립(상 375조), 제3자에 대한 전환사채·신주인수권부사채의 발행(상 513조 3항, 516조의2 4항), 액면미달발행(상 417조 1항) 등이 있다.

🔵 특수결의

특수결의는 특별결의의 요건보다 더 가중된 요건의 결의이다. 상법에는 '총주주의 동의', '총주주의 일치에 의한 총회의 결의' 및 '출석한 주식인수인의 3분이 2 이상의 찬성과 인수된 주식총수의 과반수에 의한 결의'로 각각 규정되어 있다. 이때 주주(주식인수인)에는 의결권 없는 주식의 주주(주식인수인)도 포함한다.

'총주주의 동의'를 요하는 결의로는 발기인, 이사, 감사, 청산인의 책임면제(상 324조, 400조 1항, 415조, 542조 2항)가 있고, '총주주의 일치에 의한 총회의 결의'에는 주식회사의 유한회사로의 조직변경(상 604조 1항)이 있으며, '출석한 주식인수인의 3분의 2 이상의 찬성과 인수된 주식총수의 과반수에 의한 결의'는 모집설립, 신설합병, 분할 또는 분할합병시의 창립총회의 결의(상 309조, 527조 3항, 530조의11 1항) 등이 있다.

③ 이사, 이사회, 대표이사

① 서 언

상법은 이사회제도를 채용하여 회사의 업무집행은 이사회에서 결정하고, 정관으로 그 권한이 유보되지 않는 한 주주총회라도 이사회의 업무집행 권한에 대해 간섭할 수 없다고 규정하고 있다(상 361조). 이사는 회의체인 이사회의 구성원 지위를 가지는 데 그친다. 그러므로 결의에 따라 현실에서 업무를 집행하고 회사의 상무를 처리하며 외부에 대해 회사를 대표하는 기관으로서 대표이사가 필요하다.

② 이 사

(1) 의 의

이사는 이사회의 구성원으로서 그 의사결정에 참여하고, 이사회를 통하여 대표이사 등의 직무집행을 감독한다. 이사와 회사의 관계는 위임이다(상 382조 2항).

이사는 ① 사내이사, ② 사외이사, ③ 그 밖의 상무에 종사하지 않는 이사의 세 종류로 나뉜다. 보통 비상근이사라고 하면 '그 밖의 상무에 종사하지 않는 이사'를 뜻한다. 사내이사는 상무에 종사한다는 점에서 다른 이사와 구별된다. 사외이사는 상무에 종사하지는 않지만 그 자격에 관하여 결격사유가 설정되어 있다는 점에서 '그 밖의 상무에 종사하지 않는 이사'와 구별된다(상 382조 3항).

(2) 선 임

주식회사 설립 당초의 이사는 발기설립의 경우는 발기인이 의결권의 과반수로 선임하고(상 296조 1항), 모집설립의 경우는 창립총회에서 출석한 주식인수인의 의결권의 3분의 2 이상이며, 인수된 주식 총수의 과반수로 선임한다(상 312조). 성립 후에는 주주총회에서 선임한다(상 382조). 이사의 선임은 보통결의, 즉 출석한 주주의 의결권의 과반수와 발행주식총수의 4분의 1 이상의 찬성으로 해야 한다(상 382조 1항).

주주총회의 이사선임결의는 이사 후보 1명씩 하나로 이루어진다(단순투표제). 이러한 방법에 의하면 이사 모두가 대주주의 영향력 아래에 있는 자로 선임될 가능성이 농후하고, 소수주주의 이익을 대변할 수 있는 자의 이사 선임은 요원하다. 이에 대한 개선책으로 상법이 채택하고 있는 것이 집중투표제이다. 즉, 2인 이상의 이사 선임을 목적으로 하는 총회의 소집이 있는 때에는 의결권 없는 주식을 제외한 발행주식총수의 100분의 3 이상에 해당하는 주식을 가진 주주는 정관에서 달리 정하는 경우를 제외하고는 회사에 대하여 집중투표의 방법으로 이사를 선임할 것을 청구할 수 있고(상 282조의2 1항), 이러한 청구가 있는 경우에 이사의 선임결의에 관해 각 주주는 1주마다 선임할 이사의 수와 동일한 수의 의결권을 가지며, 그 의결권을 이사 후보자 1인 또는 수인에게 집중하여 투표하는 방법으로 행사할 수 있다(상 282조의2 3항). 그리고 투표 결과 최다수를 얻은 자부터 순차적으로 이사에 선임되는 것으로 한다(상 282조의2 4항).

(3) 자 격

상법상 이사의 자격에 별다른 제한은 없다. 다만, 회사의 직무와 관련하여 상당한 판단력이 필요한 법률행위를 해야 하고 회사 또는 제3자에 대한 책임의 주체가 되기도 하므로 제한능력자는 이사가 될 수 없다. 파산선고를 받은 자 또한 이사가 될 수 없다(민 690).

정관에 의한 이사의 자격 제한은 그 내용이 사회질서에 반하지 않는 한 유효하다고 본다. 정관으로 이사가 가질 주식(자격주)의 수를 정한 경우에 다른 규정이 없으면 이사는 그 수의 주권을 감사에게 공탁해야 한다(상 제

387조).

사외이사의 경우에는 결격사유를 두고 있다(상 382조 3항 각호). 경영진에 대한 객관적이고 공정한 감시 기능의 확보를 위해 지배주주 또는 대표이사 및 업무집행이사로부터의 독립성을 가지게 하려는 취지이다.

특별법에서 법인이사의 선임을 강제하는 예외가 있으나(자금 197조2항), 기업 경영이라는 직무의 성질상 이사는 자연인에 한한다고 보는 것이 타당하다. 또 자기감사를 방지하기 위해 이사는 감사를 겸할 수는 없으나(상 411조), 지배인 등의 상업사용인은 겸할 수 있다.

(4) 정원·임기

이사는 3명 이상이어야 한다. 다만, 자본금 총액이 10억 원 미만인 회사는 1명 또는 2명으로 할 수 있다(상 383조 1항). 상장회사의 경우에는 이사 총수의 4분의 1 이상을 사외이사로 하여야 하며, 최근 사업연도말 현재의 자산총액이 2조 원 이상인 상장회사의 사외이사는 3명 이상으로 하되, 이사 총수의 과반수가 되도록 해야 한다(상 542조의8 1항, 상령 34조 2항).

상장회사의 경우에 사외이사의 사임, 사망 등의 사유로 인하여 사외이사의 수가 정원에 미달하게 되면 그 사유가 발생한 후 처음으로 소집되는 주주총회에서 법정요건에 합치되도록 사외이사를 선임해야 한다(상 542조의8 3항).

이사를 선임하면서 임기를 정하는 경우라면 이사의 임기는 3년을 초과하지 못한다(상 383조 2항). 임기를 일정한 기간으로 정하지 않는 경우에는 적용되지 않는다.[*1] 임기의 정함이 있는 경우와 그렇지 않은 경우의 차이는 정당한 이유 없이 해임하는 경우의 손해배상 여부에 있다.

(5) 보 수

이사의 보수란 명칭 여하에 관계없이 이사의 직무수행에 대한 보상으로 지급 받는 일체의 대가를 말한다. 보통 금전으로 지급하겠지만 어떠한 형태이든 이사가 경제적 이익의 귀속 주체가 된다면 보수에 해당한다고 본다.[2]

이사의 보수는 정관에 그 액을 정하지 아니한 때에는 주주총회의 결의로 이를 정한다(상 388조). 이사의 자의에 의한 부당한 지급을 방지하기 위함이다. 정관 또는 주주총회의 결의에서 각 이사의 구체적인 보수액을 정할 필요는 없으며, 보수의 총액만을 정하고 구체적인 금액은 이사회에서 결정하도록 위임하여도 무방하다.[3]

(6) 종 임

이사는 사임, 해임, 사망, 파산 또는 성년후견개시의 심판, 임기만료, 정관 소정의 자격 상실, 회사의 파산, 해산 등으로 인하여 종임한다. 이사와 회사는 위임관계에 있으므로 이사는 언제든지 사임할 수 있다(상 382조 2항, 민 689조 1항). 또한 이사는 언제든지 주주총회의 특별결의로 해임할 수 있으나 정당한 이유 없이 그 임기의 만료 전에 해임한 때에는 그 이사는 회사에 대하여 해임으로 인한 손해의 배상을 청구할 수 있다(상 385조 1항). 한편, 이사가 그 직무에 관하여 부정한 행위 또는 법령이나 정관을 위반한 중대한 사실이 있음에도 불구하고 총회에서 그 해임을 부결한 때에는 발행주식총수의 100분의 3 이상에 해당하는 주식을 가진 주주는 총회의 결의가 있은 날로부터 1월 내에 그 해임을 법원에 청구할 수 있다(상 385조 2항).

법률 또는 정관에서 정한 이사의 원수를 결한 때에는 임기만료 또는 사임으로 인하여 퇴임한 이사는 새로 선임된 이사가 취임할 때까지 이사의

---

[1] 대법원 2001. 6. 15. 선고 2001다23928 판결
[2] 대법원 2007. 10. 11 선고 2007다34746 판결
[3] 대법원 2020. 6. 4. 선고 2016다241515 판결

권리·의무가 있다(상 386조 1항). 또 필요하다고 인정할 때에는 법원은 이사, 감사, 기타의 이해관계인의 청구에 의하여 일시 이사의 직무를 행할 자를 선임할 수 있으며, 이 선임은 본점과 지점의 소재지에서 그 등기를 하여야 한다(상 386조 2항).

③ 이사회

(1) 의 의

이사회는 이사 전원으로 구성되는 회의체로서 회사의 업무집행에 관한 의사를 결정하는 회사의 필요적 상설기관이다.

(2) 권 한

이사회는 상법 또는 정관에서 주주총회의 권한으로 되어 있는 사항을 제외하고 회사의 업무집행에 대한 결정권을 가진다. 상법상 이사회의 권한 사항으로는 주주총회의 소집(상 362조), 이사의 직무 감독(상 393조 2항), 대표이사의 선정(상 389조 1항), 회사의 업무집행 결정(상 393조 1항), 중요한 자산의 처분 및 양도, 대규모 재산의 차입, 지배인의 선임 또는 해임과 지점의 설치·이전 또는 폐지(상 393조 1항), 이사의 자기거래에 대한 승인(상 398조), 신주의 발행(상 416조), 사채의 발행(상 469조), 준비금의 자본전입(상 461조 1항), 전환사채의 발행(상 513조 2항) 등을 들 수 있다.

(3) 소 집

이사회 소집 권한은 원칙적으로 각 이사에게 있다(상 390조 1항 본문). 다만 이사회의 결의로 소집할 이사를 정한 때에는 그 이사가 소집한다(상 390조 1항 단서). 이 경우 소집권자로 지정되지 않은 다른 이사는 소집권자

인 이사에게 이사회 소집을 요구할 수 있으며(상 390조 2항 전문), 소집권
자인 이사가 정당한 이유 없이 이사회 소집을 거절하는 경우에는 다른 이
사가 이사회를 소집할 수 있다(상 390조 2항 후문).

이사회를 소집함에는 회일을 정하고 그 1주간 전에 각 이사 및 감사에
대하여 통지를 발송하여야 하지만, 그 기간은 정관으로 단축할 수 있다
(상 390조 3항). 통지는 반드시 서면에 의하지 않고 구두나 전화로도 가능
하다.

이사회는 이사 및 감사 전원의 동의가 있는 때에는 위의 절차 없이 언
제든지 회의를 할 수 있다(상 390조 4항). 또한 이사회에서는 회의의 속행
또는 연기의 결의를 할 수 있다(상 392조, 372조).

(4) 의사와 결의

㉮ 의사

이사회의 의사에 관하여 상법은 의사록 외에는 규정하고 있지 않으므
로 의사의 진행 등에 관하여는 정관의 규정 또는 관습에 따른다. 이사회
의 의사에 관해서는 의사록을 작성해야 하며, 의사록에는 의사의 안건,
경과 요령, 그 결과, 반대하는 자와 반대 이유를 기재하고 출석한 이사 및
감사가 기명날인 또는 서명해야 한다(상 391조의3 1항·2항). 이사회결의의
집행에 의하여 회사에 손해가 발생한 경우에는 결의에 찬성한 이사도 책
임을 지는데(상 399조 2항), 의사록에 '반대하는 자'를 기재하면 결의에 찬
성한 이사를 용이하게 확정할 수 있다. 결의에 반대한 이사는 의사록에
이의를 기재하여야 한다. 그렇지 않으면 결의에 찬성한 것으로 추정하고
반증이 없는 한 책임을 면할 수 없다(상 399조 3항).

주주는 영업시간 내에 이사회 의사록의 열람 또는 등사를 청구할 수 있
다(상 391조의3 3항). 회사는 주주의 청구에 대해 이유를 붙여 이를 거절할
수 있는데, 이 경우 주주는 법원의 허가를 얻어 이사회 의사록을 열람 또

는 등사할 수 있다(상 391조의3 4항). 한편, 이사회의 경우에도 주주총회에서와 마찬가지로 연기 및 속행이 가능하다(상 392조, 372조).

나 결의

이사회의 결의는 재임하는 이사의 과반수 출석과 출석한 이사의 과반수 찬성으로 해야 한다(상 391조 1항 본문). 이사 1인에게 1개씩의 의결권이 주어지며, 정관에 의해서도 다른 정함을 할 수 없다. 가부 동수인 경우에 특정인에게 결정권을 주는 것도 인정할 수 없다.

'과반수 출석에 과반수 찬성'의 비율은 정관으로 높게 정할 수 있다(상 391조 1항 단서). 이 비율을 낮게 정하는 것은 불가능하다.[*4] 이사회 결의의 정족수는 개회 시뿐만 아니라 토의와 결의의 전 과정을 통하여 요구된다. 또 이사회의 기능상 토론을 통한 집단 의사의 형성이 중요하다는 점을 생각하면 의결권의 대리행사는 허용되지 않으며, 또한 서면결의도 인정되지 않는다.[*5] 한편, 정관에서 달리 정하는 경우를 제외하고 이사회는 이사의 전부 또는 일부가 직접 회의에 출석하지 아니하고 모든 이사가 음성을 동시에 송수신하는 원격통신수단에 의하여 결의에 참가하는 것을 허용할 수 있다(상 391조 2항 전문). 이사들이 실질적인 토의를 행할 수 있기 때문이다. 이 경우에 원격통신으로 참가한 당해 이사는 이사회에 직접 출석한 것으로 본다(상 391조 2항 후문).

이사회에서도 결의에 관하여 특별한 이해관계가 있는 이사는 의결권을 행사하지 못한다(상 제391조, 368조 3항). 이 경우에 의결권을 행사할 수 없는 이사는 이사회의 성립정족수의 계산에는 포함시키지만 결의정족수의 출석이사 계산에는 포함시키지 않는다(상 391조 3항, 371조 2항).

(5) 결의의 하자

이사회의 결의에 관하여 그 내용상·절차상의 하자가 있는 경우에 대해 상법은 아무런 규정을 두고 있지 않다. 따라서 민법의 일반 이론에 따라 이사회 결의의 하자는 무효의 원인이 된다. 이해관계인은 항변이나 일반 확인의 소로 무효를 주장할 수 있다. 판결의 효력에 있어서도 대세적 효력이나 소급효 부정 등 회사법상 소의 특수한 효력은 인정되지 않는다. 무효인 이사회결의를 근거로 행해진 대표이사의 행위까지 당연히 무효가 되는 것은 아니다. 거래안전과 무관한 회사 내부의 문제에 그치는 사항은 그 효력을 인정할 수 없으나 제3자와 사이에 행한 행위는 거래안전을 보호해야 한다는 취지에서 선의자에 대하여 무효를 주장할 수 없다고 본다.

(6) 이사회내 위원회

상법은 의사결정의 전문성과 신속성을 도모하기 위해 정관이 정하는 바에 따라 이사회 안에 하나 또는 여러 개의 위원회(이사회내 위원회)를 두어 이사회의 권한을 위임할 수 있도록 하고 있다(상 393조의2 1항).

4 대표이사

(1) 의 의

대표이사는 대외적으로 회사를 대표하고 대내적으로 업무집행을 담당하는 주식회사의 필요적 상설기관이다. 주식회사의 업무집행 권한은 이사회에 속한다고 볼 수 있지만, 이사회는 회의체 기관이므로 기업의 기동적·효율적 경영을 위해 이사회에서 1인 또는 수인의 이사를 선정하여 결의의 집행, 기타 경영적 업무의 집행을 담당하게 할 필요가 있다. 이 때문

★4　대법원 1995. 4. 11. 선고 94다33903 판결

★5　이사회의 개최 없이 결의가 있는 것으로 의사록을 작성하고 이사 및 감사 전원이 기명날인한 경우 이러한 서면 결의가 부존재는 아니라고 한 판례가 있다. 대법원 2006. 11. 10 선고 2005다46233 판결 참조

에 인정된 것이 대표이사제도이며, 상법은 주식회사에 원칙적으로 대표이사를 두도록 하고 있다(상 389조).

(2) 선정 및 종임

㉮ 선정

대표이사는 이사회의 결의로 선정하는 것이 원칙이다. 그러나 정관으로 주주총회에서 선정하게 할 수도 있다(상 389조). 대표이사는 회사를 대표해야 할 이사이므로 대표이사가 되려면 그 전제로 이사의 지위를 가지고 있어야 한다. 따라서 대표이사가 사임 또는 해임 등의 이유로 이사의 지위를 상실하게 되면 동시에 대표이사의 지위도 상실하게 된다. 대표이사는 1인 이상 두면 되고 상법상 그 수에 제한은 없으나 정관으로 그 원수를 정할 수 있는데, 이 경우에는 그 원수만큼 선임해야 한다. 대표이사의 성명, 주민등록번호, 주소는 등기사항이다(상 317조 2항 9호).

㉯ 종임

이사회는 언제든지 대표이사를 해임할 수 있으며, 대표이사도 사임할 수 있다. 대표이사의 임기는 법률상 특별한 규정이 없으므로 정관 또는 이사회의 결의에 의한 다른 정함이 없는 한 이사로서의 임기가 대표이사의 임기로 된다. 대표이사의 종임으로 인해 정관에서 정한 대표이사의 인원수를 결한 경우에는 임기의 만료 또는 사임으로 인하여 퇴임한 대표이사는 새로 선임된 대표이사가 취임할 때까지 대표이사의 권리·의무를 가진다(상 389조 3항, 386조 1항).

(3) 권 한

대표이사는 회사를 대표하는 기관이다. 대표이사의 권한(대표권)은 회사의 영업에 관한 재판상, 재판 외의 모든 행위에 미치며, 이 권한을 제한해도 선의의 제3자에게 대항하지 못한다(상 389조 2항, 209조). 대표이사의 권한이 이와 같이 포괄적이며 정형적으로 법정되어 있는 점에서 지배인의 대리권과 유사하지만, 지배인의 대리권은 원칙적으로 특정한 영업소의 영업에 한정되는 데 비해, 대표이사의 권한은 회사의 모든 영업에 미치는 점이 다르다. 법문 중에 규정되어 있는 일정한 행위 또는 의사표시의 주체가 대표이사로 되어 있는 경우는 물론, 그 주체가 회사로 되어 있거나 또는 회사가 전제되어 있다고 보이는 경우는 모두 대표이사의 권한에 포함되는 행위 또는 의사표시로 볼 수 있다. 영업에 관한 모든 행위는 영업의 계속을 전제하므로 영업 전부의 양도, 임대, 위임 등의 행위는 포함되지 않으며, 정관변경, 해산, 합병, 분할, 자본감소 등 회사의 기본조직에 관한 행위도 포함되지 않는다.

(4) 공동대표이사

수인의 대표이사가 선정되는 경우에 이사회의 결의로 2인 이상의 대표이사가 공동으로 회사를 대표하는 것을 정할 수 있다(상 389조 2항). 대표권 행사에 신중을 기하고 남용을 방지하기 위해 이 제도를 인정한 것이므로 단독으로 회사를 대표하는 행위는 회사의 행위로 인정되지 않고 공동으로만 회사를 대표할 수 있다. 그러나 수동행위는 그렇지 않다. 수인의 대표이사가 있더라도 이들을 공동대표이사로 하지 않는 한 각자가 단독으로 대표권을 행사한다.

5 이사의 의무

(1) 선관주의의무

이사와 회사 간의 관계는 위임에 관한 규정에 따르게 되므로(상 382조 2항, 민 681조) 이사는 수임자로서 회사에 대하여 위임의 본지에 따라 선량

한 관리자의 주의를 가지고 직무를 행하여야 할 의무를 부담한다. 이는 고도의 인적 신뢰를 기초로 하는 고도의 주의의무로서, 사용인과는 달리 이사는 회사 경영의 주체라는 지위의 중요성에서 요구되는 것이다. 따라서 이사는 직무를 수행함에 있어 법령을 준수할 의무와 동시에 항상 회사에 최선의 이익이 되는 결과를 추구해야 할 의무도 부담한다.

선관주의의무는 상근 여부 및 보수의 유무에 관계없이 모든 이사에게 주어지는 의무이며, 이에 위반하면 회사에 대하여 손해배상책임을 진다.

한편, 선관주의의무는 그 내용이 추상적이기 때문에 그 내용에 관하여, 특히 업무집행의 효율성과 관련하여 선명한 지침을 마련할 필요가 있다. 그리하여 미국에서는 이사의 책임의 한계를 설정하는 이른바 경영판단의 법칙(business judgment rule)이라는 이론이 성립하여 발전했다. 미국법상의 경영판단의 법칙은 이해관계가 없는(not interested) 이사가 충분한 정보를 가지고(informed) 성실하게(in good faith) 판단하여 회사의 이익에 부합한다고 합리적으로 믿었다면(rationally believe) 이사는 주의의무를 다한 것으로 판단하는 것이라고 이해된다. 우리나라에서도 이사의 책임 근거가 되는 수임인의 선관주의의무의 해석론에 의해서도 도출될 수 있다. 따라서 이러한 판단에 따른 이사의 행위는 무과실의 행위로서 그 자체가 상법 제399조 제1항이 규정하는 임무해태에 해당하지 않는다고 보아야 하는 것이다. 이를 판례는 '허용된 재량의 범위 내'의 행위라고 표현한다.[6]

경영판단의 법칙은 사후적인 판단에 의해 행위 당시 이사의 행위를 비난할 수 없다는 이론이므로 성질상 임무해태에 국한하여 적용될 수 있는 것이다.[7] 이사의 행위가 경영판단 내지는 이사의 허용된 재량의 범위에 속해 책임을 면하려면 이사가 문제의 해결에 필요한 정보를 확보하고 이를 기초로 하여 신중하고 합리적인 판단을 거쳐 회사에 최대의 이익이 되는 방향으로 의사결정을 해야 한다. 이 점이 판례가 일관되게 요구하는 경영판단법칙의 적용요건이다.[8]

(2) 이사회 출석의무

이사는 이사회에 출석하여 의결권을 행사할 의무를 진다. 이사회에서의 의결권 행사는 이사의 가장 중요한 직무인 까닭이다. 이사들이 이사회의 구성원으로서 충실히 기능해야만 건전한 집단적 의사형성을 통해 정상적인 업무집행을 할 수 있고, 이사들 상호 간에 감시와 견제가 가능해진다.

단순히 불출석했다고 해서 임무해태로 볼 수는 없고,[9] 정당한 사유(질병 등) 없이 출석하지 않은 경우에만 임무해태로 보아야 한다.

(3) 감시의무

이사는 다른 이사의 업무집행이 법령 또는 정관의 위반 없이 적절하게 이루어지는지 감시하고 부적절한 행위가 이루어지지 않도록 필요한 조치를 취할 의무를 부담한다. 이사의 감시의무를 구체적으로 정하는 규정은 없으나 통설은 이사회의 감독권이 이사의 감시의무를 포함하는 것으로 이해하며, 이사는 대표이사로 하여금 다른 이사 또는 피용자의 업무에 관하여 이사회에 보고할 것을 요구할 수 있는데(상 393조 3항), 이 또한 이사의 감시의무의 근거 규정으로 볼 수 있다.

(4) 기업비밀준수의무

이사는 재임 중뿐만 아니라 퇴임 후에도 직무상 알게 된 회사의 영업상 비밀을 누설해서는 안 된다(상 382조의4). 기업비밀(trade secret)이란 기업

---

[6] 대법원 2002. 6. 14. 선고 2001다52407 판결

[7] 대법원 2005. 10. 28. 선고 2003다69638 판결

[8] 대법원 2007. 10. 11. 선고 2006다33333 판결

[9] 서울고법 2003. 11. 20. 선고 2002나6595 판결

이 중요하게 여기고 누설되어서는 안 되는 기업 고유의 정보로서 기업의 경쟁력을 구성하는 중요한 경제적 자원을 뜻한다. 비밀준수의무는 수비의무와 비밀이용금지의무를 포함한다.

(5) 보고의무

이사는 3월에 1회 이상 업무의 집행상황을 이사회에 보고해야 하며(상 393조 3항), 회사에 현저하게 손해를 미칠 염려가 있는 사실을 발견한 때에는 즉시 감사에게 이를 보고해야 한다(상 412조의2).

(6) 충실의무

이사는 법령과 정관의 규정에 따라 회사를 위하여 그 직무를 충실하게 수행해야 하는데(상 382조의3), 이를 이사의 충실의무라 한다. 충실의무는 영미법에서 발전한 개념인데, 우리 법상 이사의 주의의무와 상당 부분 일치하지만, 일부는 우리의 법체계하에서는 명문의 규정이 없이는 인정할 수 없는 규범이다. 상법에서는 단지 '이사는 … 충실하게 수행하여야 한다'라고 규정하고 있는데, 이 표현만으로 영미법의 충실의무를 수용하였다고 볼 수는 없다. 그러므로 이 규정은 단지 주의의무를 부연 설명한 데 그칠 뿐, 이사에게 새로운 의무를 부여한 것은 아니라고 본다.

6 이해충돌의 방지

상법은 제397조, 제397조의2, 제398조에서 이사의 경업 및 겸직, 회사기회의 유용, 회사와의 자기거래 등 회사와 이해가 충돌할 수 있는 이사의 행위를 금지 또는 제한하고 있다. 이는 이사가 회사의 업무집행에 관여하는 지위를 이용하여 회사의 재산 또는 기회를 토대로 자신의 사익을 추구하는 것을 방지하려는 취지에서 둔 제도이다.

(1) 경업금지의무

이사는 주주총회의 승인을 얻지 못하면 자기 또는 제3자의 계산으로 회사의 영업부류에 속하는 거래를 하거나 동종 영업을 목적으로 하는 다른 회사의 무한책임사원이나 이사가 되지 못한다(상 382조). 이사가 회사의 영업상 거래와 경쟁관계에 있는 거래를 행하는 것을 방치하면 이사는 자기 또는 제3자를 위하여 거래를 행하므로 회사는 그 거래에서 얻을 이익을 상실함과 동시에 거래처를 빼앗길 위험이 있다. 회사의 영업이란 현실의 영업은 물론이고 이미 준비를 개시한 사업 및 일시적으로 정지한 데 지나지 않는 사업도 포함한다. 이를 위반한 경우에는 회사에 개입권이 발생한다. 즉 이사의 거래가 자기의 계산으로 한 경우에는 회사의 계산으로 한 것으로 볼 수 있고, 또 제3자의 계산으로 한 경우에는 이사가 이로 인하여 얻은 이득의 양도를 청구할 수 있다(상 397조 2항). 다만 개입권은 거래가 있는 날로부터 1년을 경과하면 소멸한다(상 397조 3항). 또 이사가 경업금지의무를 위반한 경우 이사의 해임사유가 되며, 경업으로 인하여 회사에 손해가 생긴 때에 회사는 손해배상을 청구할 수 있다.

(2) 회사기회의 유용금지

이사는 이사회의 승인 없이는 회사의 이익이 될 수 있는 소정의 사업기회를 이용할 수 없다(상 397조의2). 경업 및 자기거래에 해당하지 않는 또 다른 유형의 이해충돌로서 '회사의 사업기회의 이용'이라는 행위를 규율대상으로 삼고 있다.

이사회의 승인(소규모 회사에서는 주주총회의 결의로 승인)이 있으면 회사기회의 이용이 가능하다(상 397조의2 1항, 383조 4항). 이사회의 승인은 이사 전원의 3분의 2 이상의 찬성으로, 소규모 회사의 주주총회 결의는 보통결의로 행한다.

이사는 이사회의 승인 없이 현재 또는 장래에 회사의 이익이 될 수 있

는 소정의 회사의 사업기회를 자기 또는 제3자의 이익을 위하여 이용할 수 없다(상 397조의2 1항). 금지의 대상이 되는 회사의 사업기회는 '직무를 수행하는 과정에서 알게 되거나 회사의 정보를 이용한 사업기회'와 '회사가 수행하고 있거나 수행할 사업과 밀접한 관계가 있는 사업기회' 두 가지로 특정되어 있고, 이 두 유형의 기회가 '현재 또는 장래에 회사의 이익이 될 수 있어야' 한다.

이사가 이사회의 승인 없이 회사기회를 유용하더라도 그 거래의 사법적 효력에는 영향이 없다. 거래의 흠은 회사와 이사 간에 있을 뿐이고 이사와 제3자 간의 거래에 개재하는 것이 아니기 때문이다. 이 점은 경업금지에 위반한 거래의 효력과 같다. 경업금지를 위반한 경우에는 회사에 개입권을 인정하여 이사로부터 이득을 반환받도록 하지만, 기회유용행위에 대해서는 손해배상책임만을 과할 뿐 개입권이나 이익반환제도는 적용하지 않는다.

(3) 자기거래의 제한

이사, 주요주주 및 특수관계인은 자기 또는 제3자의 계산으로 회사와 거래를 하기 위해서는 미리 이사회에서 해당 거래에 관한 중요 사실을 밝히고 이사회의 승인을 받아야 한다(상 398조). 이사는 회사의 재산을 관리하며 그 처분에 직간접으로 관여하는 지위에 있다. 어떤 거래에서든 쌍방당사자는 필히 반대의 이해를 가지므로 이사가 회사의 상대방이 되어 거래한다면 자신의 이익을 위해 회사의 손실을 개의치 않는 불공정한 거래를 할 소지가 있다. 이는 회사의 재산을 위태롭게 하고 주주들의 손실을 야기하며, 회사채권자를 위한 책임재산을 탈취하는 소치이므로 어느 입법례에서나 다양한 내용과 방법으로 엄격히 통제한다. 상법에서도 자기거래의 위험성을 경계하여 이사회의 승인이라는 견제수단으로 자기거래의 폐단을 예방하는 한편, 이사회의 사전적 감시 및 사후의 책임추궁을 용이하게 했다.

규율 대상이 되는 자기거래의 주체는 ① 이사 또는 주요주주, ② ①의 배우자 및 직계존비속, ③ ①의 배우자의 직계존비속, ④ ①부터 ③까지의 자가 단독 또는 공동으로 의결권 있는 발행주식총수의 100분의 50 이상을 가진 회사 및 그 자회사, ⑤ ①부터 ③까지의 자가 ④의 회사와 합하여 의결권 있는 발행주식총수의 100분의 50 이상을 가진 회사이다.

제한을 받는 거래의 범위는 회사의 이익을 해할 염려가 있는 모든 재산적 행위이다.

이사 등의 자기거래는 이해충돌의 염려가 없는 거래를 제외하고 모두 이사회의 승인(이사 전원의 3분의 2 이상의 찬성)을 요한다. 다만 소규모 회사의 경우에는 주주총회의 결의로 갈음한다(상 383조 4항). 1인주주나 총주주의 동의가 있는 자기거래는 이사회의 승인이 없더라도 유효하다는 것이 판례의 입장이다.[10]

이사회의 승인은 거래가 있기 전에 이루어져야 하며, 개개의 거래에 대하여 이루어져야 하고, 포괄적인 승인은 불가하다.

이사회의 승인 없이 행해진 이사의 자기거래는 이사의 해임사유(상 385조 1항 본문·2항)가 되고 당해 이사의 회사에 대한 손해배상책임을 발생시키며, 회사와 이사 사이에서는 무효이나 자기거래에 관련되는 선의의 제3자와의 사이에서는 유효라는 상대적 무효설이 판례의 입장이다.[11] 한편, 이사회의 승인 없이 행해진 이사 이외의 자의 자기거래의 경우에는 해임사유 또는 손해배상책임은 문제되지 않으며, 거래의 효력에 대해서는 이사의 자기거래의 경우와 동일하게 이해해야 한다.

★10 대법원 2017. 8. 18. 선고 2015다5569 판결
★11 대법원 1973. 10. 31. 선고 73다954 판결 등

7 이사의 책임

(1) 회사에 대한 책임

가 손해배상책임

이사가 고의 또는 과실로 법령 또는 정관에 위반한 행위를 하거나 그임무를 게을리한 때에는 회사에 대해 연대하여 손해배상책임을 진다(상 399조 1항). 법령 또는 정관에 위반한 행위라 함은 이사로서 준수해야 할의무를 개별적으로 규정하고 있는 상법 등의 제 규정과 회사가 기업 활동을 함에 있어 준수해야 할 제 규정을 위반한 행위를 말한다. 임무를 게을리한 때, 즉 임무해태의 경우라 함은 이사가 직무수행과 관련해 선량한관리자로서의 주의를 게을리함으로써 회사에 손해를 가하거나 손해를 방지하지 못한 경우를 의미한다.

법령이나 정관을 위반한 경우에는 이사가 무과실의 증명책임을 지지만, 임무를 게을리한 경우 임무해태의 사실은 이사의 책임을 주장하는 자가 증명해야 한다.

법령 또는 정관을 위반한 행위 또는 임무해태가 수인의 이사에 의하여이루어진 경우에는 연대책임을 지며(상 399조 1항), 감사도 책임질 경우에는 이사와 연대책임을 진다(상 414조 3항). 또한 법령 또는 정관을 위반한행위 또는 임무해태가 이사회의 결의에 의한 것일 때에는 그 결의에 찬성한 이사도 연대하여 책임을 진다(상 399조 2항).

제399조에 따른 이사의 책임은 주주 전원의 동의로 면제할 수 있으며(상 400조 1항), 회사는 정관으로 정하는 바에 따라 제399조에 따른 이사의 책임을 이사가 그 행위를 한 날 이전 최근 1년간의 보수액(상여금과 주식매수선택권의 행사로 인한 이익 등 포함)의 6배(사외이사의 경우는 3배)를 초과하는 금액에 대하여 면제할 수 있다. 다만, 이사가 고의 또는 중대한 과실로 손해를 발생시킨 경우와 경업금지(상 397조), 회사기회유용금지(상 397

조의2) 및 자기거래(상 398조)에 해당하는 경우에는 그렇지 않다.

🕒 자본 충실의 책임

신주발행으로 인한 변경등기가 있은 후 아직 인수하지 않은 주식이 있거나 주식인수의 청약이 취소된 때에는 자본충실을 위하여 이사가 이를 공동으로 인수한 것으로 보며(상 428조 1항), 이는 회사의 이사에 대한 손해배상청구에 영향을 미치지 않는다(상 428조 2항).

(2) 제3자에 대한 책임

이사가 악의 또는 중대한 과실로 그 임무를 해태한 때에는 그 이사는 제3자에 대하여 연대하여 손해배상책임을 진다(상 401조). 원래 이사의 직무 위반은 회사와의 관계에서만 의무위반이 되며 당연히 제3자에 대한 책임을 지는 것은 아니다. 그러나 상법은 주식회사가 경제계에 미치는 영향이 크다는 의미에서 이사가 회사에 대한 임무를 해태하고 이로 인하여 제3자에게 손해가 발생한 경우 그에 대한 책임을 지도록 하고 있다.

8 이사에 대한 견제와 책임추궁

(1) 유지청구권

🕖 의의

이사의 법령·정관위반행위로 회사에 회복할 수 없는 손해가 생길 염려가 있는 경우에는 감사(또는 감사위원회) 또는 소수주주는 회사를 위하여 이사에 대해 그 행위를 유지(留止)할 것을 청구할 수 있다(상 402조, 415조의2 7항). 주주 또는 감사의 이러한 권리를 '유지청구권'이라 한다. 주주의 유지청구권은 소수주주권이자 공익권이다.

이사의 행위로 인한 손해 중에는 성질상 회복이 불가능한 것도 있을 수 있고, 법률상 회복이 가능하더라도 이사의 무자력으로 사실상 회복이 불가능할 수도 있다. 유지청구권은 이러한 회복이 어려운 손해를 방지하기 위한 사전적 긴급수단의 성격을 갖는 제도이다.

나 요건

유지청구권의 행사를 위해서는 ① 이사가 법령 또는 정관에 위반한 행위를 하여야 하고, ② 법령이나 정관에 위반한 이사의 행위로 인하여 회사에 회복할 수 없는 손해가 생길 염려가 있어야 한다.

다 당사자

유지청구를 할 수 있는 자는 감사 또는 발행주식총수의 100분의 1 이상에 해당하는 주식을 가진 주주*12로 한정된다. 유지청구의 남발을 방지하기 위함이다. 소수주주의 경우에는 유지청구 여부가 그의 임의이지만, 감사는 직무상 요건이 충족되면 반드시 유지청구를 해야 하며 이를 게을리하면 임무해태가 된다. 유지청구의 상대방은 법령·정관에 위반한 행위를 하려는 이사이다.

라 방법 및 효과

유지청구는 이사에 대한 의사표시 또는 소로 할 수 있다.

의사표시에 의한 유지청구의 경우, 청구의 내용이 정당하지 않을 수도 있기 때문에 이사가 청구에 따라 반드시 행위를 유지해야 하는 것은 아니며, 이사는 자신의 행위가 법령 또는 정관에 위반한 것인지 여부를 숙고하여 유지 여부를 결정할 주의의무를 진다. 소에 의한 유지청구의 경우에는 판결에 따라 그 효과가 주어진다.

(2) 대표소송

가 의의

대표소송은 회사가 이사의 책임을 추궁하는 소를 제기하지 않는 경우 주주가 회사를 위하여 그 책임을 추궁하는 소를 말한다(상 403조). 주주의 감독권 강화를 도모하는 동시에 이사의 손해배상책임제도의 실효성을 확보하고, 이사의 임무해태를 예방하는 효과를 거둘 수 있다.

대표소송은 발기인, 업무집행관여자, 집행임원, 감사, 청산인 등의 책임 추궁(상 324조, 401조의2 1항, 408조의9, 415조, 542조 2항), 불공정한 가액으로 신주를 인수한 자, 주주권 행사와 관련하여 이익을 공여받은 자에 대한 회사의 권리실현(상 424조의2, 467조의2) 그리고 자본시장법상 단기매매차익으로 인한 이득의 반환청구(자금 127조 2항)의 경우에도 가능하다.

대표소송은 주주가 회사의 대표기관으로서 회사의 권리를 주장하는 것으로서, 주주의 개별적인 이익이 아니라 회사와 주주 전체의 이익을 위한 것이므로 그 제소권은 공익권에 해당한다.

나 요건

① 이사의 회사에 대한 책임이 있어야 한다. 이사의 지위에 기인한 책임은 물론, 이사의 거래상의 책임도 대표소송으로 추궁할 수 있다.
② 소수주주는 대표소송을 제기하기 전에 이유를 기재한 서면으로 회사에 대해 이사의 책임을 추궁할 소를 제기할 것을 먼저 청구해야 한다(상 403조 1항·2항).

★12 상장회사의 경우에는 10만분의 50(자본금 1,000억 원 이상인 회사는 10만분의 25) 이상을 6월 이상 계속 보유한 주주

③ ②의 청구가 있음에도 불구하고 이를 받은 날로부터 30일 내에 회사
   가 이사의 책임을 묻는 소를 제기하지 않으면, 그때에 비로소 소수주
   주가 회사를 위하여 소를 제기할 수 있다(상 403조 3항).

🈑 소의 당사자

발행주식총수의 100분의 1 이상의 주식을 가진 주주(상장회사의 경우에
는 발행주식의 1만분의 1 이상을 6개월 이상 계속 보유한 주주)가 제소권자이고,
회사에 대하여 책임이 있는 이사 또는 이사였던 자가 피고이다.

🈀 소의 절차

① 주주가 대표소송을 제기한 때에는 지체 없이 회사에 대해 소송의 고
   지를 해야 한다(상 404조 2항). 이로써 회사는 소송에 참가할 수 있다.

② 이사가 대표소송을 제기하는 주주의 악의를 소명해 청구할 때에는 법
   원은 주주에게 상당한 담보를 제공할 것을 명할 수 있다(상 403조 7항,
   176조 3·4항). 주주의 악의란 피고인 이사를 해할 것을 알고 제소함을
   뜻한다.

③ 대표소송에서 주주가 승소한 때에는 소송비용 및 소송으로 인하여 지
   출한 비용 중 상당한 금액의 지급을 회사에 청구할 수 있다(상 405조 1
   항). 주주가 패소하여도 원칙적으로 회사에 대하여 손해배상책임을 지
   지 않지만, 주주가 악의인 경우에는 회사에 대해 손해배상책임을 진
   다(상 405조 2항).

🈁 다중대표소송

상법 제403조가 규정하는 대표소송을 제기할 수 있는 주주는 피고가
될 이사가 속한 당해 회사의 주주에 국한되지만, 모회사의 주주가 자회사
의 이사의 책임을 추궁하기 위한 대표소송을 제기할 수도 있는데, 이를
다중대표소송이라고 한다(상 406조의2). 직접적인 자회사만이 아니라 손
회사의 이사를 상대로 하는 대표소송도 인정되므로 '다중'이라는 표현을
사용한다.

⑨ 이사의 업무집행정지와 직무대행자의 선임

이사선임결의의 무효나 취소 또는 이사해임의 소가 제기된 경우에 법원은 당사자의 신청에 의해 가처분으로써 이사의 직무집행을 정지할 수 있고, 또는 직무대행자를 선임할 수 있다. 급박한 사정이 있을 때에는 본안소송의 제기 전에도 그 처분을 할 수 있다(상 407조 1항). 직무집행정지를 당한 이사가 가처분의 취지에 반하여 행한 행위는 무효이며 후에 가처분이 취소되어도 소급하여 유효로 되지 않는다. 직무대행자는 가처분명령에 다른 정함이 없는 경우 또는 법원의 허가를 얻은 경우 외에는 회사의 상무에 속하지 않은 행위를 하지 못한다(상 408조 1항). 직무대행자가 이와 같은 규정에 위반한 행위를 한 경우에도 회사는 선의의 제3자에 대해 책임을 진다(상 408조 1항). 법원은 당사자의 신청에 의하여 가처분을 변경·취소할 수 있으며 이때에는 본점과 지점의 소재지에서 그 등기를 해야 한다(상 407조).

⑩ 집행임원

(1) 제도의 개요

상법상 이사회는 업무집행기능과 감독기능을 동시에 가지고 있지만 회의체 기관인 까닭에 업무집행에는 적당하지 않다. 그 결과 이사회는 업무집행에 관한 주요 사항에 대해 의사결정을 행하고, 그 집행은 대표이사 또는 그 하부의 임원 등이 담당하는 것이 일반적인 모습이다. 하지만 1990년대 말 금융위기 이후 대규모 상장회사를 중심으로 사외이사의 선임 강제화 및 감사위원회의 일반화로 인하여 업무집행기능과 감독기능의 분리 현상이 발생했다. 이러한 현상을 수용한 제도가 바로 집행임원제도인데, 당초의 취지를 제대로 살리고 있는지는 의문이다.

회사는 집행임원을 둘 수 있으며, 집행임원을 둔 회사(집행임원설치회사)

는 대표이사를 두지 못한다(상 408조의2 1항). 집행임원설치회사와 집행임원의 관계는 민법상 위임에 관한 규정을 준용한다(상 408조의2 2항). 이사 아닌 자를 집행임원으로 선임할 수 있다.

집행임원설치회사의 이사회는 다음의 권한을 갖는다. 즉, ① 집행임원과 대표집행임원의 선임 및 해임, ② 집행임원의 업무집행 감독, ③ 집행임원과 집행임원설치회사의 소송에서 집행임원설치회사를 대표할 자의 선임, ④ 집행임원에게 상법상 이사회 권한사항을 제외한 업무집행에 관한 의사결정의 위임, ⑤ 집행임원이 여러 명인 경우 집행임원의 직무 분담 및 지휘·명령관계, 그 밖에 집행임원의 상호관계에 관한 사항의 결정, ⑥ 정관에 규정이 없거나 주주총회의 승인이 없는 경우 집행임원의 보수결정 등의 권한을 가진다(상 408조의2 3항).

집행임원설치회사는 이사회의 회의를 주관하기 위하여 이사회의장을 두어야 하며, 이사회의장은 정관의 규정이 없으면 이사회 결의로 선임한다(상 408조의2 4항).

(2) 임기 및 권한

집행임원의 임기는 정관에 다른 규정이 없으면 2년을 초과하지 못하며 (상 408조의3 1항), 정관에 그 임기 중의 최종결산기에 관한 정기주주총회가 종결한 후 가장 먼저 소집하는 이사회의 종결 시까지로 정할 수 있다 (상 408조의3 1항).

집행임원의 권한으로는 집행임원설치회사의 업무집행 및 정관이나 이사회의 결의에 의하여 위임 받은 업무집행에 관한 의사결정을 들 수 있다 (상 408조의4).

(3) 대표집행임원

2명 이상의 집행임원이 선임된 경우에는 이사회 결의로 집행임원설치회사를 대표할 대표집행임원을 선임해야 한다(상 408조의5 1항 본문). 다만,

집행임원이 1명인 경우에는 그 집행임원이 대표집행임원이 된다(상 408
조의5 1항 단서).

대표집행임원에 관하여는 상법에 다른 규정이 없으면 주식회사의 대표
이사에 관한 규정을 준용한다(상 408조의5 2항).

(4) 이사회 소집 청구

집행임원은 필요하면 회의의 목적사항과 소집이유를 적은 서면을 이사
(소집권자가 있는 경우에는 소집권자)에게 제출하여 이사회 소집을 청구할 수
있다(상 408조의7 1항). 이러한 청구에 대하여 이사가 지체 없이 이사회 소
집의 절차를 밟지 아니하면 소집을 청구한 집행임원은 법원의 허가를 받
아 이사회를 소집할 수 있으며, 이 경우 이사회의장은 법원이 이해관계자
의 청구에 의하여 또는 직권으로 선임할 수 있다(상 408조의7 2항).

(5) 이사회에 대한 보고 및 책임

집행임원은 3개월에 1회 이상 업무의 집행상황을 이사회에 보고해야
하며, 이에도 불구하고 이사회의 요구가 있으면 언제든지 이사회에 출석
하여 요구한 사항을 보고해야 한다(상 408조의6 1·2항). 또한 이사는 대표
집행임원으로 하여금 다른 집행임원 또는 피용자의 업무에 관하여 이사
회에 보고할 것을 요구할 수 있다(상 408조의6 3항).

집행임원이 고의 또는 과실로 법령이나 정관을 위반한 행위를 하거나
그 임무를 게을리한 경우에는 회사에 대해, 그리고 고의 또는 중대한 과
실로 그 임무를 게을리한 경우에는 제3자에 대해 각각 그 집행임원은 손
해를 배상할 책임이 있다(상 408조의8 1항·2항). 한편, 집행임원이 회사 또
는 제3자에게 손해를 배상할 책임이 있는 경우에 다른 집행임원, 이사 또
는 감사도 그 책임이 있으면 다른 집행임원, 이사 또는 감사와 연대하여
배상할 책임이 있다(상 408조의8 3항).

4 감사, 감사위원회, 검사인

1 감 사

(1) 감사의 의의

감사는 회사의 직무감사 및 회계감사를 그 직무권한으로 하는 주식회사의 필요적 상설기관이다. 회사의 감사는 직무감사와 회계감사로 대별할 수 있다. 상법은 감사의 실효성을 확보하기 위해 감사에게 회계감사권뿐만 아니라 직무감사권도 부여하고 있으며, 감사를 적정하게 할 수 있도록 독립성의 확보 등 여러 가지 조치를 강구하고 있다.

(2) 감사의 선임과 종임

㉮ 선임

감사는 주주총회에서 선임한다(상법 제409조 1항). 이 선임결의는 보통결의에 의하면 되나 전자투표제(상 368조의4 1항)를 채택한 회사에서는 출석한 주주의 의결권의 과반수로 감사의 선임을 결의할 수 있다(상 409조 3항).

감사의 선임결의에 있어서는 대주주의 의결권 남용을 방지하기 위해 의결권 없는 주식을 제외한 발행주식총수의 100분의 3을 초과하는 수의 주식을 가진 주주는 그 초과하는 주식의 의결권을 행사하지 못하며, 회사는 정관으로 이보다 낮은 비율을 정할 수 있다(상법 제409조 2항).

감사의 자격에는 제한이 없으나 회사 및 자회사의 이사 또는 지배인 기타의 사용인을 겸할 수 없다(상 411조). 또한 상장회사의 상근감사에 대해서는 자격의 제한이 있다(상 542조의10 2항). 감사의 수는 1인 이상이며 임기

는 취임 후 3년 내의 최종결산기에 관한 정기총회의 종결 시까지로 한다
(상 410조). 2인 이상의 감사가 있는 경우 각자 독립하여 권한을 행사한다.

🕒 종임

감사는 위임관계의 종료 , 주주총회의 특별결의에 의한 해임(상 415조,
385조 1항) 등에 의하여 종임된다. 또 감사의 위법행위에 대하여도 그 해
임결의를 하지 않는 경우는 발행주식총수의 100분의 3 이상의 소수주주
는 감사의 해임을 법원에 청구할 수 있다(상 415조, 385조 2항).

(3) 감사의 직무 권한

🕜 직무감사권과 회계감사권

감사는 직무감사와 회계감사를 그 주요한 직무로 한다. 직무감사와 회
계감사는 명확히 구별되는 것은 아니지만 대체로 이사의 업무집행, 대표
행위 등에 대한 감사를 직무감사라고 하며, 회사의 회계에 대한 감사를
회계감사라고 한다. 감사는 이사의 직무집행을 감사하며, 언제든지 이사
에 대하여 영업에 관한 보고를 요구하거나 회사의 업무와 재산 상태를 조
사할 수 있다(상 412조 1, 2항).

또한 상법은 감사의 실효성을 확보하려는 취지에서 모회사의 감사에
게 자회사에 대한 감사권을 인정하고 있다. 즉, 모회사의 감사는 그 직무
를 수행하기 위해 필요한 때에는 자회사에 대하여 영업의 보고를 요구할
수 있으며, 자회사가 지체 없이 보고를 하지 아니할 때 또는 그 보고의 내
용을 확인할 필요가 있는 때에는 자회사의 업무와 재산 상태를 조사할 수
있다(상 412조의5 1항·2항). 그리고 자회사는 정당한 이유가 없는 한 보고
또는 조사를 거부하지 못한다(상 412조의5 3항).

감사는 회사의 비용으로 전문가의 도움을 구할 수 있다(상 412조 3항).
감사의 전문성을 제고하기 위함이다.

ㄴ 기타의 권한

✿ 감사의 이사회출석·의견진술권

감사는 이사회에 출석하여 의견을 진술할 수 있다(상 391조의2 1항). 회사의 업무집행의 적정을 기하기 위해서는 이사회의 부당한 결의를 사전에 방지할 수 있는 기회를 감사에게 주는 것이 바람직하기 때문이다. 감사는 이사가 법령 또는 정관에 위반한 행위를 하거나 그 행위를 할 염려가 있다고 인정한 때에는 이사회에 이를 보고해야 한다

(상 391조의2 2항). 감사가 이사회에 출석할 기회를 주기 위해 이사회 소집통지는 감사에게도 해야 한다(상 390조 3항). 소집절차 없이 이사회를 개최하는 경우에도 이사는 물론 감사 전원의 동의를 요하고 있다(상 390조 4항). 이사회의 의사록에는 출석한 감사도 기명날인(서명)해야 한다.

✿ 회사와 이사 간의 소의 대표

회사가 이사에 대해 또는 이사가 회사에 대해 소를 제기하는 경우 감사는 그 소에 관하여 회사를 대표한다(상 394조 1항 전문). 또 상법 제403조 제1항에 의하여 소수주주가 이사의 책임을 추궁할 소를 제기하는 청구가 있는 경우, 그리고 제406조의2 제1항에 의하여 모회사 소수주주가 자회사 이사의 책임을 추궁할 소를 제기하는 청구가 있는 경우에도 감사는 회사를 대표한다(상 394조 1항 후문). 이는 회사와 이사 간의 이해상반을 방지할 수 있기 때문이다. 감사의 소송대표권에 관한 상법 규정은 이른바 효력규정이므로 이에 위반한 소송행위는 무효이다.[13]

✿ 각종 소권

회사법상 각종 소의 제기권을 감사에게 인정하고 있다. 즉 설립무효의 소(상 328조), 결의취소의 소(상 376조 1항), 신주발행무효의 소(상 429조), 자본금감소무효의 소(상 445조), 합병무효의 소(상 529조) 등의 소 제기권을 인정하고 있다.

(4) 감사의 의무

회사와 감사의 관계는 위임이므로 감사는 수임인으로서 선관주의의무를 진다. 감사의 권한은 그 행사가 곧 의무이기도 하다. 상법상 개별적인 주요 의무는 다음과 같다.

가 조사·보고·진술의무

감사는 이사가 주주총회에 제출할 의안 및 서류를 조사하여 법령 또는 정관을 위반하거나 현저하게 부당한 사항이 있는지의 여부에 관하여 주주총회에서 그 의견을 진술해야 한다(상 413조). 여기서 의안이라 함은 상법 또는 정관에 의하여 주주총회에서 결의할 사항을 가리키며, 서류는 재무제표만이 아니라 총회에 판단의 대상 또는 자료로서 제출한 서류를 가리킨다.

또한 감사는 이사가 법령 또는 정관을 위반한 행위를 하거나 그 행위를 할 염려가 있다고 인정한 때에는 이사회에 이를 보고해야 한다(상 391조의 2 2항).

나 감사록 작성의무

감사는 감사에 관하여 감사록을 작성해야 하며, 감사록에는 감사의 실시 요령과 그 결과를 기재하고 감사를 실시한 감사가 기명날인(서명)해야 한다(상 413조의2). 감사의 실효를 위한 보장수단으로 감사록의 작성을 의무화한 것이다.

★13 대법원 1990. 5. 11. 선고 89다카15199 판결

다 감사보고서 작성의무

감사는 이사가 결산기에 작성한 재무제표 및 영업보고서를 감사하고 이에 관한 감사보고서를 작성하여 이사에게 제출해야 하며, 감사보고서에는 일정한 사항을 기재하여야 한다(상 447조의4).

(5) 감사의 책임

감사가 그 임무를 해태한 때에는 회사에 대해, 그리고 감사가 악의 또는 중대한 과실로 인하여 그 임무를 해태한 때에는 제3자에 대해 각각 그 감사는 연대하여 손해를 배상할 책임이 있으며, 감사가 회사 또는 제3자에 대하여 손해를 배상할 책임이 있는 경우, 이사도 그 책임이 있는 때에는 그 감사와 이사는 연대하여 배상할 책임이 있다(상 414조).

2 감사위원회

(1) 의 의

감사위원회는 이사회의 하부 위원회로서 감사를 대체하는 감사기관으로 도입된 제도이다. 여느 위원회와는 달리 3인 이상의 위원으로 구성한다. 주식회사는 감사기관으로 감사를 두는 것이 원칙이지만 정관이 정한 바에 따라 감사에 갈음하여 감사위원회를 설치할 수 있으며, 감사위원회를 설치한 경우에는 감사를 둘 수 없다(상 415조의2 1항). 정관을 통하여 자유로운 선택이 가능하지만 자산 2조 원 이상의 대규모 상장회사는 의무적으로 감사위원회를 설치해야 한다.

(2) 자격과 선임·해임

가 자격

비상장회사의 경우 사외이사가 3분의 2 이상이어야 한다(상 415조의2 1

항 단서). 대규모 상장회사의 경우에는 감사위원 중 최소 1명 이상이 회계 또는 재무전문가여야 하고 감사위원회의 대표는 사외이사여야 한다(상 542조의11 2항).

㈏ 선임 및 해임

비상장회사와 최근사업연도말의 자산총액이 1천억 원 미만인 회사의 경우 감사위원은 이사회가 선임하고 해임하며(상 415조의2 2항), 감사위원 을 해임하는 결의는 이사 총수의 3분의 2 이상의 결의로 한다(상 415조의2 3항).

자산총액 1천억 원 이상 2조 원 미만인 회사의 경우에는 상근감사를 두 거나 대규모 상장회사와 같은 방법으로 선임, 해임하는 감사위원으로 구 성되는 감사위원회를 두어야 한다(상 542조의10 1항, 상령 36조 1항).

대규모 상장회사의 경우에는 감사위원회를 의무적으로 두어야 하며, 감사위원은 주주총회의 보통결의로 선임하고, 주주총회의 특별결의로 해 임할 수 있다(상 542조의12 1, 3항).

(3) 운 영

감사위원회는 회의체기관이므로 위원회의 결의로 권한 행사를 한다. 감사위원회 또한 이사회내 위원회의 하나이므로 그 운영은 이사회내 위 원회의 운영방법(상 393조의2)에 따른다. 다만 운영에 있어 일반위원회와 다른 점은 대표위원을 선정해야 하는데(상 415조의2 4항), 감사위원회는 의 사결정을 하고 그 집행을 대표위원이 행한다.

(4) 권한과 의무·책임

상법은 감사위원회의 권한을 따로 규정하지 않고 감사의 권한에 관한 규정을 준용하므로(상 415조의2 7항), 감사위원회의 권한은 감사와 동일하

다. 이 규정은 감사의 의무에 관한 규정도 준용하므로 감사위원회의 의무
또한 감사와 동일하다. 감사위원회의 책임 역시 상법 제414조의 준용에
의하여 감사와 동일하다.

③ 검사인

(1) 의 의

검사인은 회사의 설립절차 또는 업무·재산상태의 조사를 임무로 하는
주식회사의 임시적인 기관이다. 그 권한은 계산의 정부, 발기인 또는 이
사의 행위에 대한 위법성의 검토에 한한다.

(2) 검사인의 선임

㉮ 법원의 선임
① 회사설립 시 변태설립사항이 있는 경우(상 298조 4항)
② 신주의 액면미달발행의 경우(상 417조 3항)
③ 신주발행 시 현물출자의 경우(상 422조 1항)
④ 회사의 업무집행에 관하여 부정행위 또는 법령이나 정관에 위반한 중
　대한 사실이 있음을 의심할 사유가 있는 경우(상 467조 1항)

㉯ 주주총회에서 선임하는 경우
① 소수주주의 청구에 의하여 소집된 총회에서 회사의 업무와 재산상태
　를 조사하기 위한 경우(상 366조 3항)
② 주주총회에서 이사가 제출한 서류와 감사의 보고서를 조사하기 위한
　경우(상 367조, 542조 2항)

(3) 검사인의 자격 및 원수

검사인의 자격·원수에는 법률상 아무런 제한이 없다.

(4) 검사인의 책임

설립경과의 조사를 위해 법원이 선임한 검사인이 악의 또는 중대한 과
실로 인하여 그 임무를 해태한 때에는 회사 또는 제3자에 대해 손해를 배
상해야 한다(상 325조). 총회에서 선임한 검사인은 수임인의 지위에 있으
므로 임무해태 시 회사에 대하여 채무불이행책임을 진다.

3

주식회사의
자본금

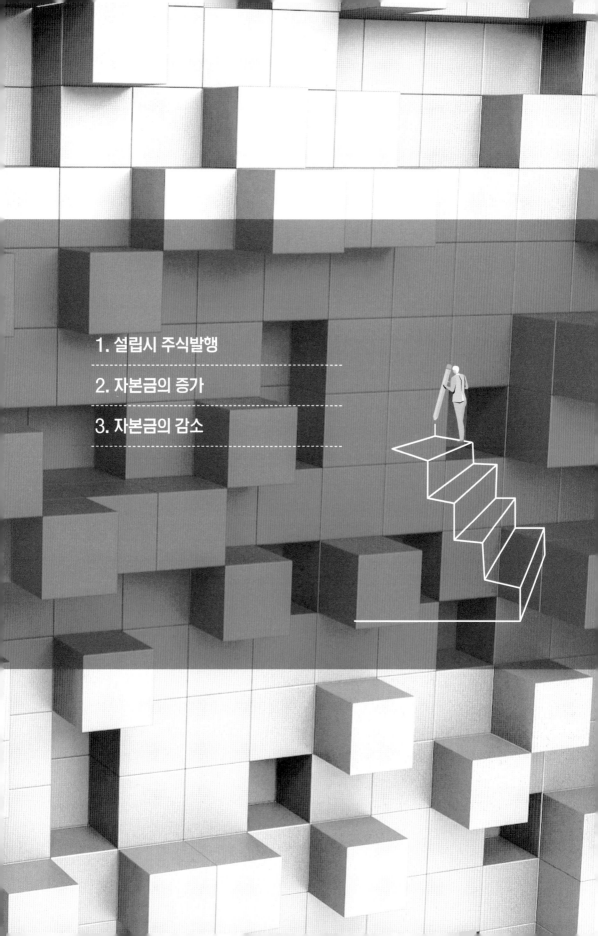

Chapter

3 주식회사의 자본금

　상술한 바와 같이 주주는 회사의 채무와 관련하여 회사채권자에게 전혀 변제책임을 지지 않으므로 회사채권자에게 그 채권의 담보가 되는 것은 주주 자신의 재산이 아니라 회사 자체의 재산뿐이다. 따라서 회사채권자를 보호하고 회사의 신용을 유지하기 위해서는 일정액의 재산을 회사에 유보하는 것이 필요하다. 이에 상법에서는 회사로 하여금 일정한 법칙에 따라 산출되는 금액을 정하여 이를 공시하도록 규정하는 한편, 회사 존속 중에는 적어도 그 금액에 상당하는 만큼의 현실적 재산을 항상 보유할 수 있게끔 여러 장치를 마련하고 있다. 이 일정한 금액을 자본금이라 한다.

　자본금은 상법 규정에 의하여 기계적으로 산출되는 계산상의 금액이며, 회사의 사업수행을 위한 기본적인 자금으로서 회사가 항상 보유해야 할 재산의 액수를 나타내는 이상적인 금액에 지나지 않는다. 그것은 실제로 회사가 보유한 자산 내지 그 액수와는 다른 개념이고, 양자의 액수도 일치하지 않는다는 점에 주의해야 한다. 회사의 자산 내지 그 금액은 물가의 변동이나 영업의 성적 등등에 따라 수시로 변동하는 것이지만, 자본금은 신주발행(상 416조 이하)이나 자본감소(상 438조 이하) 등 특히 법이 정한 사유에 의해 변경이 생기지 않는 한 그 이외의 사실이나 사정의 변경에 의해 변동하지는 않는다.

상술한 바와 같이 자본금의 관념이 문제되는 것은 회사가 보유해야 할 자산 내지 그 금액의 최소한도를 정하기 위한 것이므로 상법상 자본금에 대해서는 자본금의 3원칙이 강조된다.

 설립시 주식발행

1 설립방법

주식회사의 설립방법에는 발기설립방법과 모집설립방법이 있다. 발기설립은 설립시 발행하는 주식 전부를 발기인만이 인수하는 형태이고, 모집설립은 설립시 발행주식 중 일부를 발기인이 인수하고 나머지는 제3자를 모집하여 그들로 하여금 인수하게 하는 형태이다.

2 정관의 자본금 관련 기재사항

정관에는 이른바 절대적 기재사항이라 해서 정관이 유효하기 위한 최소의 기재사항이 있는데(상 289조 1항), 자본금과 관련된 기재사항으로는 '회사가 발행할 주식의 총수', '액면주식을 발행하는 경우 1주의 금액' 및 '회사의 설립시에 발행하는 주식의 총수'가 있다.

'회사가 발행할 주식의 총수'는 정관을 변경하지 않는 범위 내에서 회사가 발행할 수 있는 주식의 최대한을 의미한다. '액면주식을 발행하는 경우 1주의 금액'은 회사가 액면주식을 발행하기로 정관에 규정하고 있

는 경우, 그 액면주식 1주의 금액을 의미한다. 1주의 가액 또는 액면가나 권면액이라고도 부른다. 주식은 자본금을 구성하는 균등한 크기의 최소 단위이므로 100원 이상의 고정된 금액을 기재해야 한다.

'회사의 설립시에 발행하는 주식의 총수'는 '회사가 발행할 주식의 총수' 범위 내에서 설립시에 실제로 발행하기로 예정한 주식의 수를 의미한다. '회사가 발행할 주식의 총수'에서 '회사의 설립시에 발행하는 주식의 총수'를 차감한 부분만큼 설립 후에 주식을 발행하여 자본금을 증가시킬 수 있는 권한이 이사회에 주어진다.

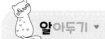

어느 주식회사의 정관에 '회사가 발행할 주식의 총수'가 40,000주, '액면주식을 발행하는 경우 1주의 금액'이 10,000원, '회사의 설립시에 발행하는 주식의 총수'가 10,000주로 기재되어 있다고 하자.

이 회사는 이 정관을 변경하지 않는 동안 주식을 최대 40,000주까지 발행할 수 있고, 따라서 최대자본금이 4억 원이 될 수 있다. 이 회사는 설립시에는 10,000주만 발행하므로 설립시 자본금은 1억 원이 된다. 이사회에 발행의 권한이 주어진 주식의 수는 30,000주이다. 설립 후에 설비 확장 등 추가로 재원이 필요하면 이 30,000주를 활용하여 신주를 발행함으로써 자본금을 증가할 수 있다. 필요에 따라 1회에 30,000주를 모두 발행할 수도 있고, 수회로 나누어 발행할 수도 있다. 즉, 30,000주 범위 내에서는 이사회의 결의만으로 신속한 자본금 증가가 가능해지는 것이다.

30,000주 전부를 발행하여 회사가 발행한 주식의 (누적)총수가 40,000주가 되면 기존의 정관을 가지고서는 더 이상 신주발행에 의한 자본금 증가는 할 수 없다. 이때에는 정관변경을 통하여 '회사가 발행할 주식의 총수'를 늘려야 하고, 늘린 만큼 미발행 부분이 늘어나 이사회 결의만으로 발행할 수 있는 신주의 범위도 늘어나게 된다. 즉 이사회에 대한 새로운 수권이 이루어지는 것이다.

③ 주식발행사항의 결정

회사설립시에 발행하는 주식에 관하여 ① 주식의 종류와 수, ② 액면주식의 경우에 액면 이상의 주식을 발행할 때에는 그 수와 금액, ③ 무액면주식을 발행하는 경우에는 주식의 발행가액과 주식의 발행가액 중 자본금으로 계상하는 금액은 정관으로 달리 정하지 아니하면 발기인 전원의 동의로 이를 정한다(상 291조).

설립시의 주식 발행에 의하여 회사의 최초자본금이 조달된다. 회사의 재산적 기초를 구축한다는 중요성을 반영하여 정관에 정함을 두든가 발기인 전원의 동의를 얻도록 하고 있다.

'주식의 종류와 수'는 정관의 발행예정주식총수 중에 종류주식이 포함되어 있는 경우에 의미가 있는 것이다. '액면주식의 경우에 액면 이상의 주식을 발행할 때에는 그 수와 금액'은 액면가를 초과하는 가액으로 주식을 발행하는 경우 그 발행가액과 수를 정하라는 의미이다. 설립시에는 액면가에 미달하는 가액으로 주식을 발행할 수 없다. 즉, 액면발행과 액면초과발행만 인정되는데, 액면초과발행을 하는 경우라면 그 가액과 수를 정하라는 것이다.

'무액면주식을 발행하는 경우에는 주식의 발행가액과 주식의 발행가액 중 자본금으로 계상하는 금액'은 발행가액과 그중의 얼마를 자본금으로 할 것인지를 정하라는 것이다. 발행가액 전부를 자본금으로 할 것인지, 그중의 일부만 자본금으로 할 것인지를 정하는 것이다. 다만, 일부만 자본금으로 하는 경우에는 발행가액의 2분의 1 이상을 자본금으로 계상해야 한다는 제한이 있다(상 451조 2항 전문).

④ 발기설립시 주식의 인수와 납입

발기설립에서는 설립시 발행주식총수를 발기인이 전부 서면에 의하여 인수한다(상 295조 1항, 293조).

주식의 인수란 발기인이 설립시 발행되는 주식을 취득하고, 그 대가로 출자(주식대금의 납입)할 것을 약정하는 것을 뜻한다. 따라서 발기인이 주식을 인수하면 주식인수인의 지위를 갖게 되고, 주식인수인의 지위에서 인수한 주식의 수를 한도로 출자의무를 부담하며, 회사가 설립등기에 의하여 성립하면 별도의 절차 없이 주식회사의 사원인 주주가 된다.

발기인이 회사설립시에 발행하는 주식의 총수를 인수한 때에는 지체 없이 각 주식에 대하여 그 인수가액의 전액을 납입해야 하며, 이 경우 발기인은 납입을 맡을 은행, 기타 금융기관과 납입장소를 지정해야 한다(상 295조 1항).

⑤ 모집설립시 주식의 인수와 납입

모집설립에서는 설립시 발행주식총수 중 일부를 발기인이 먼저 인수하고, 나머지는 발기인이 아닌 제3자를 모집하여 인수하게 한다(상 301조). 즉 두 단계에 의하여 설립시 발행주식이 전부 인수된다.

(1) 발기인의 주식인수

설립시 발행주식의 일부에 대하여 발기인이 주식을 인수한다. 발기인이면 누구든 1주 이상의 주식을 인수해야 한다. 그리고 발기인 이외의 주주(출자자)를 모집하기 전에 발기인의 주식인수가 이루어져야 한다.

(2) 주주의 모집

발기인이 아닌 자로서 출자를 할 자를 모집해야 한다. 상법상 모집 방법에는 제한이 없다. 연고모집도 가능하고 공모도 가능하다. 다만, 50인 이상의 불특정 다수를 상대로 공모를 하는 경우에는 자본시장법에 따른 제한이 있다(자금 9조 7항·9항, 119조 1항).

(3) 모집주주의 주식인수

모집주주[1]의 주식인수는 모집주주의 청약과 발기인의 배정으로 성립하는 계약으로 이해된다.[2] 모집주주의 청약은 주식청약서 2통에 인수할 주식의 종류 및 수와 주소를 기재하고 기명날인 또는 서명하는 방식으로 하여야 한다(상 302조 1항). 요식행위이므로 다른 방식의 청약은 허용되지 않는다. 주식청약서는 발기인이 작성하며, 다음 사항을 기재해야 한다.

① 정관의 인증연월일과 공증인의 성명
② 정관의 절대적 기재사항(상 289조 1항)과 변태설립사항(상 290조)
③ 회사의 존립기간 또는 해산사유를 정한 때에는 그 규정
④ 각 발기인이 인수한 주식의 종류와 수
⑤ 설립시 주식발행사항(상 291조)
⑥ 주식의 양도에 관하여 이사회의 승인을 얻도록 정한 때에는 그 규정
⑦ 주주에게 배당할 이익으로 주식을 소각할 것을 정한 때에는 그 규정
⑧ 일정한 시기까지 창립총회를 종결하지 아니한 때에는 주식의 인수를 취소할 수 있다는 뜻
⑨ 납입을 맡을 은행, 기타 금융기관과 납입장소
⑩ 명의개서대리인을 둔 때에는 그 성명, 주소 및 영업소

모집주주의 청약에 대해서 승낙의 의미로 발기인의 배정이 있으면 이로써 주식인수가 완료된다. 발기인의 배정에 있어서는 청약의 범위 내에서 발기인에게 재량이 인정되어 청약한 주식의 수와 배정한 주식의 수가 일치하지 않아도 배정한 내용대로 주식의 인수가 이루어진 것으로 본다(상 303조).

---

[1] 모집 절차에 의하여 모집된 출자자를 모집 주주라 한다. 엄격하게는 아직 주주가 아니지만, 주식을 인수하면 주식인수인이 되고, 그 지위에서 주금을 납입하고 회사가 성립하면 주주가 된다. 회사의 성립을 전제로 주주가 될 자를 의미하는데, 발기인과 구별할 필요에서 편의상 모집 주주라 부른다.

[2] 대법원 2004. 2. 13. 선고 2002두7005 판결

(4) 주식인수인의 납입

주식인수인(발기인 및 모집주주)은 주식청약서에 기재된 납입장소에 인수가액 전액을 납입해야 한다(상 305조 1항·2항).

주식인수인이 주금납입기일까지 납입을 하지 않으면 발기인은 새로 일정한 기일을 정하여 그 기일 내에 납입을 하지 아니하면 그 권리를 잃는다는 뜻을 기일의 2주간 전에 그 주식인수인에게 통지(실권예고부최고)해야 하며(상 307조 1항), 이 통지를 받은 주식인수인이 그 기일 내에 납입의 이행을 하지 않으면 주식인수인으로서의 권리를 잃고, 이 경우 발기인은 실권된 주식에 대하여 다시 주주를 모집할 수 있다(상 307조 2항). 실권으로 인하여 주식인수인이 면책되는 것은 아니어서 주금의 미납으로 인해 손해가 발생하면 당연히 실권한 주식인수인에 대해 손해배상을 청구할 수 있다(상 307조 3항).

6 납입금의 보관

주금의 납입은 오로지 은행, 기타 금융기관(납입금보관자)만 취급할 수 있으며, 그 구체적인 납입장소(예컨대 국민은행 광화문 지점)에서 실질적인 납입 사무가 처리된다. 납입금의 보관자 또는 납입장소를 변경할 때에는 법원의 허가를 얻어야 한다.

납입금을 보관한 은행이나 그 밖의 금융기관(납입금보관자)은 발기인 또는 이사의 청구를 받으면 그 보관금액에 관하여 증명서를 발급해야 하며(상 318조 1항), 이 증명서는 설립등기 시의 첨부서류에 해당한다(상업등기규칙 129조 12호). 납입금보관자는 증명서상의 보관금액에 대하여는 납입이 부실하거나 그 금액의 반환에 제한이 있다는 것을 이유로 회사에 대항하지 못한다(상 318조 2항). 공모에 의한 납입부실을 방지하기 위함이다.

한편, 자본금 총액이 10억 원 미만인 회사를 발기설립방법으로 설립하는 경우에는 납입금보관증명서를 잔고증명서로 대체할 수 있다(상 318조 3항).

7 출자방법

주식회사의 채권자에 대하여 책임재산을 이룰 수 있는 것은 환가가 가능한 동시에 강제집행이 용이해야 한다. 따라서 주식회사에 대한 출자는 재산출자로 한정된다. 당연히 노무나 신용은 출자의 대상으로 할 수 없다. 재산출자는 보통 금전으로 하겠지만, 예외적으로 현물로 출자하는 것, 즉 현물출자도 인정된다.

현물출자는 금전 이외의 재산을 출자의 목적으로 하는 것이다. 출자자의 입장에서는 재산의 환가에 따른 비용을 절감할 수 있고, 또 회사 입장에서는 거래비용을 절감할 수 있는 기회를 갖게 되어 출자자나 회사의 입장에서 공히 불리하지 않다. 다만, 현물출자의 장점이 발휘되기 위해서는 출자의 목적인 재산이 공정하게 평가되어 그 평가액을 넘지 않는 범위 내에서 주식이 주어진다는 것이 전제되어야 한다.

현물출자에 관한 사항은 이른바 변태설립사항에 해당하므로 현물출자를 받기 위해서는 현물출자를 하는 자의 성명과 그 목적인 재산의 종류, 수량, 가격과 이에 대하여 부여할 주식의 종류와 수를 정관에 기재해야 한다(상 290조 2호). 그리고 현물출자를 하는 자는 납입기일에 지체없이 출자의 목적인 재산을 인도하고 등기, 등록 기타 권리의 설정 또는 이전을 요할 경우에는 이에 관한 서류를 완비하여 교부해야 한다(상 295조 2항, 305조 3항).

현물출자가 있는 경우 그 적정성 여부는 원칙적으로 법원이 선임한 검사인이 조사해야 한다. 이를 위하여 발기설립에서는 이사가, 모집설립에서는 발기인이 각각 법원에 검사인의 선임을 청구해야 한다(상 298조 4항, 310조 1항). 그리고 검사인은 조사의 결과를 발기설립에서는 법원에 보고하고, 모집설립에서는 조사보고서를 창립총회에 제출한다(상 299조 1항, 310조 2항). 검사인의 조사보고를 바탕으로 현물출자사항에 관해 발기설립에서는 법원이 변경처분을 할 수 있고, 모집설립에서는 창립총회가 변경할 수 있다(상 300조 1항, 314조 1항).

2 자본금의 증가

회사를 설립한 이후에 설립시 자본금의 액수를 늘릴 수 있다. 이를 자본금의 증가(증자)라 한다. 액면주식을 발행하는 회사의 경우에는 자본금이 발행주식의 액면 총합을 의미하므로 자본금의 증가에는 반드시 신주의 발행이 수반된다. 그런데 무액면주식을 발행하는 회사의 경우에는 이러한 산출식이 적용되지 않기 때문에 신주의 발행 없이도 자본금이 증가하

는 경우가 있을 수 있다(예컨대 준비금의 자본전입)★3

액면주식을 발행하는 경우 자본금의 증가는 곧 신주의 발행을 의미한다. 그런데 신주를 발행하게 되는 이유는 제법 다양하다. 그리하여 신주의 발행은 새로운 자금조달과의 관련 여부에 따라 보통의 신주발행과 특수한 신주발행으로 나눌 수 있다. 대부분의 신주발행은 추가적인 자금 수요에 대응하기 위해 이루어지는데 이를 통상의 신주발행이라 부른다. 그래서 일반적으로 신주발행이라 하면 통상의 신주발행, 즉 증자를 위한 신주발행을 의미한다. 이와는 달리 자금조달과는 무관하게 상법상 규정되어 있는 일정한 사항을 실행함에 따라 신주발행이 수반되는 경우가 있는데, 이를 특수한 신주발행이라 한다. 주식분할(상 329조의2), 전환주식의 전환(상 348조), 주식의 포괄적 교환(상 360조의2), 주식병합(상 442조), 준비금의 자본전입(상 461조), 주식배당(상 462조의2), 전환사채의 전환(상 516조, 348조), 신주인수권부사채권자의 신주인수권 행사(상 516조의2), 합병에 의한 신주발행(상 523조 3호) 등이 있다.

1 신주발행(통상의 신주발행)

(1) 신주발행사항의 결정

　신주발행은 원칙적으로 이사회가 결정하는데(상 416조 본문), 이를 이사회내 위원회에 위임할 수 있고, 또는 정관에 규정을 두어 주주총회의 결의사항으로 할 수도 있다(상 416조 단서). 이사회는 신주발행을 결정하면서 다음 사항도 함께 결정해야 한다.

① 신주의 종류와 수

② 신주의 발행가액과 납입기일 : 주주가 인수하는 주식의 발행가는 발행조건균등의 원칙에 따라 동일한 발행시기의 신주에 대하여 균등하게 정해야 한다. 그러나 제3자가 인수하는 주식, 발행시기가 다른 주식, 종류가 다른 주식은 각기 발행가를 달리할 수 있다.

③ 신주의 인수방법 : 주주배정방식(상 418조)을 취하는 경우에는 배정기준일(상법 제418조 제3항의 '일정한 날')을, 그리고 제3자배정방식(상 418조 2항)을 취하는 경우에는 신주인수권자를 정해야 한다. 그리고 어느 경우에나 신주의 청약, 배정 및 납입의 일정과 요령을 정해야 한다.

④ 현물출자를 받을 경우에는 출자자의 성명과 출자의 목적인 재산의 종류, 수량, 가액과 이에 대하여 부여할 주식의 종류와 수 : 정관에 규정이 없어도 현물출자를 받을 수 있다.

⑤ 주주가 가지는 신주인수권을 양도할 수 있는 것에 관한 사항

⑥ 주주의 청구가 있는 때에만 신주인수권증서를 발행한다는 것과 그 청구기간

★3　상법상 무액면주식의 발행을 명문으로 허용하고 있으나 실제 무액면주식을 발행하는 경우는 찾기 쉬운 실정이 아니므로 아래에서는 액면주식을 발행한 회사를 중심으로 서술한다.

(2) 발행가액

㉮ 액면 이상의 발행

신주의 발행가액은 액면 이상의 가액으로 발행하는 한 별다른 제한은 없다. 시가가 형성되어 있는 경우에는 시가발행 또는 시가할인발행이 가능할 것이다. 시가할인발행을 하면 기존 주식의 경제적 가치가 희석될 우려가 있다.  게다가 주주 아닌 자에게 신주인수권을 부여하면서 시가할인발행을 하면 기존 주주의 경제적 이익이 침해될 수도 있다. 그리하여 자본시장법에서는 주주배정방식 이외의 경우에는 할인 범위를 제한하고 있다(자금 165조의6).

㉯ 액면미달발행

회사가 성립한 날로부터 2년을 경과한 후에 주식을 발행하는 경우, 회사는 주주총회의 특별결의와 법원의 인가를 얻어서 주식을 액면 미달의 가액으로 발행할 수 있다(상 417조 1항). 다만, 상장회사는 법원의 인가를 필요로 하지 않는다.

액면미달발행을 승인하는 주주총회의 결의에서는 주식의 최저발행가액을 정해야 하는데(상 417조 2항), 회사는 이 가액을 최저한도로 하여 주식발행가액을 정할 수 있다. 한편, 법원은 인가 여부를 결정함에 있어서 회사의 재산상태, 기타 필요한 사항을 조사하게 하기 위해 검사인을 선임할 수 있고, 검사인의 조사 결과를 바탕으로 인가 여부를 결정하며, 인가하는 경우에 회사의 현황과 제반 사정을 참작하여 최저발행가액을 변경할 수 있다(상 417조 3항).

액면미달발행에 관한 요건을 충족하면 회사는 법원의 인가를 얻은 날 (상장회사의 경우에는 주주총회의 결의가 있은 날)로부터 1월(법원이 기간을 연장하여 인가한 때에는 그 기간) 내에 주식을 발행해야 한다(상 417조 4항).

(3) 신주인수권

신주인수권이란 회사가 신주를 발행하는 경우 타인에 우선하여 신주를 인수할 수 있는 권리를 뜻한다. 주주의 비례적 이익을 보호하기 위해서는 주주에게 신주인수권을 주는 것이 당연하겠지만, 주주의 출자능력을 장담할 수 없는 까닭에 자본조달이 원활하지 않을 우려가 있다. 반면에 주주 아닌 자에게 신주인수권을 주는 경우에는 용이한 자본조달을 기대할 수 있겠지만, 주주의 이익이 침해될 소지가 크다. 상법은 원칙적으로 주주에게 신주인수권을 부여하지만, 예외적으로 엄격한 요건 아래에서 제3자에게 신주인수권을 부여할 수 있는 길을 터놓고 있다.

신주인수권이 기존의 주주에게 그의 지주수에 비례하여 부여되는 경우를 주주배정이라 하고, 주주 아닌 자에게 부여되는 경우를 제3자배정이라 한다. 즉, 제3자배정에서는 신주인수권이 주주 아닌 제3자에게 부여되는 것이다. 제3자배정을 위해서는 신기술의 도입, 재무구조의 개선 등 회사의 경영상 목적을 달성하기 위해 필요한 경우에 한하여 주주 외의 자에게 신주를 배정할 수 있다는 뜻이 정관에 규정되어 있어야 한다(상 418조 2항).

주주의 신주인수권은 추상적 신주인수권과 구체적 신주인수권으로 나눌 수 있다. 추상적 신주인수권이란 회사가 신주를 발행한다면 일정한 수의 신주를 인수할 수 있는 권리로서, 주식과 분리하여 양도하거나 포기할 수 없고, 담보에 제공할 수 없으며, 시효에 걸리지도 않는다. 이와는 달리 구체적 신주인수권이란 회사가 실제 신주를 발행할 때 그 신주를 청약하고 배정받을 수 있는 권리를 말한다. 구체적 신주인수권은 물론 추상적 신주인수권에 근거를 두고 이사회에서 정한 신주배정기준일에 발생하지

만, 주주권에서 독립하여 회사에 대한 채권적 권리의 성질을 갖는다. 따라서 이미 발생한 구체적인 신주인수권은 주식의 양도 등으로 주주권이 이전되어도 이에 수반하여 이전되지 않는다.[*4] 구체적 신주인수권이 표창된 유가증권이 신주인수권증서이며, 구체적 신주인수권의 양도는 신주인수권증서의 교부에 의한다(상 420조의3 1항).

(4) 신주발행의 절차

가 배정기준일의 공고 및 청약 최고

주주에게 신주인수권을 주는 경우 언제의 주주에게 줄 것인지를 정해야 하므로 회사는 일정한 날, 즉 배정기준일(신주배정일)을 정하여 그날에 주주명부에 기재된 주주가 신주인수권을 가진다는 뜻을 그날의 2주간 전에 공고해야 한다(상 418조 3항 본문). 2주간의 기간을 주는 것은 주식양수인에게 명의개서를 할 수 있도록 하기 위함이다. 따라서 배정기준일이 주주명부폐쇄기간 중에 있는 경우에는 그 기간의 초일의 2주간 전에 공고해야 한다(상 418조 3항 단서).

배정기준일의 주주명부에 의해 신주인수권자가 정해지면 회사는 일정한 기일, 즉 청약일을 정하고 그 기일의 2주간 전에 신주인수권자에게 ❶ 그가 인수권을 가지는 주식의 종류와 수, ❷ 그 기일까지 주식인수의 청약을 하지 아니하면 그 권리를 잃는다는 뜻을 통지해야 하며, ❸ 신주인수권을 양도할 수 있는 것에 관한 사항과 주주의 청구에 의해 신주인수권증서를 발행한다는 사항을 정한 때에는 그 사항도 통지해야 한다(상 419조 1항·2항).

나 인수

신주의 인수는 신주인수권자의 청약과 회사의 배정으로 성립한다.

청약은 이사가 법정사항을 기재하여 작성한 주식청약서(상 420조)에 의해서 하는데, 신주인수권증서를 발행한 경우에는 신주인수권증서에 의해 주식의 청약을 한다(상 420조의5 1항). 신주인수권증서를 상실한 자는 주식 청약서에 의하여 주식의 청약을 할 수 있지만, 그 청약은 신주인수권증서에 의한 청약이 있는 때에는 그 효력을 잃는다(상 420조의5 2항).

신주인수권자의 청약에 대해 회사(대표이사)가 신주를 배정함으로써 인수가 성립된다. 이로써 신주인수권자는 주식인수인이 된다.

🄓 납입

신주인수인은 납입기일에 그 인수한 주식 전부에 대한 인수가액을 납입해야 한다(상 421조 1항). 신주인수인이 납입기일에 인수가액을 납입하지 않으면 바로 인수인으로서의 권리를 상실한다(상 423조 2항). 즉 모집설립에서와 같은 실권절차는 존재하지 않는다. 실무에서는 실권을 방지할 목적으로 청약증거금을 예납하게 하는 방법을 이용하는 예가 많다. 한편, 신주의 인수인은 회사의 동의가 있으면 인수가액의 납입채무와 회사에 대한 채권을 상계할 수 있다(상 421조 2항).

현물출자가 있는 경우에는 이사가 현물출자를 하는 자의 성명과 그 목적인 재산의 종류, 수량, 가액과 이에 대하여 부여할 주식의 종류와 수(상 416조 4호)를 조사하게 하기 위하여 검사인의 선임을 법원에 청구해야 하며, 이 경우 공인된 감정인의 감정으로 검사인의 조사에 갈음할 수 있다(상 422조 1항). 다만, 일정한 경우에는 현물출자에 대한 검사가 면제될 수 있다(상 422조 2항). 법원은 검사인의 조사보고서 또는 감정인의 감정결과를 심사하여 현물출자에 관한 사항이 부당하다고 인정한 때에는 이를 변경하여 이사와 현물출자를 한 자에게 통고할 수 있다(상 422조 3항). 법원의 이러한 변경에 불복하는 현물출자자는 그 주식의 인수를 취소할 수 있고, 법원의 통고가 있은 후 2주 내에 주식의 인수를 취소한 현물출자자가 없는 때에는 법원의 통고에 따라 변경된 것으로 본다(상 422조 4항·5항).

★4 대법원 2010. 2. 25. 선고 2008다96963 · 96970 판결

(5) 신주발행의 효력 발생

청약일까지 신주인수권자가 청약을 하지 않으면 신주인수권을 상실하므로(상 419조 3항) 이른바 실권주가 발생하고, 인수가 성립했어도 납입을 하지 않으면 주식인수인의 지위를 상실하므로(상 423조 2항) 역시 실권주가 발생한다. 신주발행에 있어서는 총액인수·납입주의가 적용되지 않는다. 인수·납입된 부분만으로도 일단 자본조달의 목적은 달성했으므로 이른바 마감발행이 인정된다.

실권주는 수권주식총수 중의 미발행 부분으로 유보할 수도 있고, 이사회의 결의에 의해 제3자에게 배정할 수도 있는데, 이 경우에는 제3자배정을 하기 위한 요건(상 418조 2항)을 필요로 하지 않는다.

단주라 함은 1주 미만의 주식을 의미하는데, 주주의 지주 비율에 따라 신주인수권이 주어지는 구조상 부득이하게 발생할 수 있다.[5] 신주발행의 경우에 발생하는 단주에 대해서는 그 처리 방법이 상법에 규정되어 있지 않다. 실무에서는 시가로 처분해서 발행가와의 차액을 단주의 주주에게 지급하는 예가 일반적이다.

신주의 효력은 납입기일의 다음날부터 발생한다(상 423조 1항). 즉, 납입기일 익일부터 신주의 주주가 되고, 회사에 대하여 주권의 발행을 청구할 수 있다.

(6) 이사의 인수담보책임

신주의 발행으로 인한 변경등기가 있은 후에 아직 인수하지 아니한 주식이 있거나 주식인수의 청약이 취소된 때에는 이사가 이를 공동으로 인수한 것으로 보는데(상 428조 1항), 이를 이사의 인수담보책임이라 한다. 변경등기된 외관과 실제로 인수·납입된 실질이 상이한 경우에 인정되는 책임으로서 변경등기에 따른 외관에 대한 신뢰를 보호하려는 취지로 이해할 수 있다. 이사가 인수담보책임을 진다고 하여 손해배상책임이 면제되는 것은 아니다(상 428조 2항).

(7) 위법·불공정한 신주발행에 대한 구제

가 신주발행유지청구권

회사가 법령 또는 정관에 위반하거나 현저하게 불공정한 방법에 의하여 주식을 발행함으로써 주주가 불이익을 받을 염려가 있는 경우, 그 주주는 회사에 대하여 그 발행을 유지할 것을 청구할 수 있는데(상 424조), 이러한 권리를 신주발행유지청구권이라 한다.

유지청구는 사전적 구제수단이므로 신주의 효력이 발생하기 전에 권리를 행사해야 한다. 청구의 방법은 제한하지 않고 있으므로 의사표시 또는 제소가 가능하다.

의사표시로 청구한 경우 회사가 이를 무시하고 신주를 발행하더라도 신주발행이 무효가 되는 것은 아니고 이사의 제3자에 대한 손해배상책임이 문제된다. 유지청구의 소를 제기한 경우에 유지의 판결이 나왔음에도 이를 위반했다면 신주발행은 무효이다.

나 신주발행무효의 소

신주발행의 무효는 주주·이사 또는 감사에 한하여 신주를 발행한 날로부터 6월 내에 소만으로 이를 주장할 수 있다(상 429조).

대표적인 무효사유로는 정관상 발행예정주식총수를 초과하는 경우, 자본금충실의 원칙에 반하는 경우, 주주의 신주인수권을 침해한 경우 등을 들 수 있는데, 이러한 하자가 중대하게 심각한 경우에나 무효가 인정된다는 것이 판례의 입장이다.[6]

---

[5] 회사의 발행주식수가 1,000주인데, 증자를 위하여 주주배정으로 250주의 신주를 발행하는 경우, 주주 A가 보유하는 주식이 150주라면, A에게 배정되는 신주의 수는 150(주) × 25% = 37.5(주)로 계산되어 0.5주의 단주가 발생한다.

[6] 무효의 원인이 되는 하자가 주식회사의 본질이나 회사법의 기본 원칙에 반하거나 기존 주주들의 이익과 회사의 경영권에 중대한 영향을 미치는 경우로서 거래의 안전을 고려하더라도 도저히 묵과할 수 없을 정도에 이르러야 한다는 입장이다(대법원 2004. 6. 25. 선고 2000다37326 판결).

신주발행무효의 판결이 확정된 때에는 신주는 장래에 대하여 그 효력을 잃는다(상 431조 1항). 즉, 소급효는 인정되지 않는다. 무효판결로 더 이상 신주는 유효하지 않으므로 신주발행 전의 상태로 회복시키는 것이 필요하다. 따라서 회사는 지체 없이 그 뜻과 일정한 기간(3월 이상) 내에 신주의 주권을 회사에 제출할 것을 공고하고 주주명부에 기재된 주주와 질권자에 대해서는 각별로 그 통지를 해야 한다(상 431조 2항). 그리고 신주발행무효의 판결이 확정된 때에 회사는 신주의 주주에 대하여 그 납입한 금액을 반환해야 하는데, 이 금액이 무효판결확정 시 회사의 재산상태에 비추어 현저하게 부당한 때에 법원은 회사 또는 신주의 주주의 청구에 의하여 그 금액의 증감을 명할 수 있다(상 432조).

다 불공정한 가액으로 인수한 자의 책임

이사와 통모하여 현저하게 불공정한 발행가액으로 주식을 인수한 자는 회사에 대하여 공정한 발행가액과의 차액에 상당한 금액을 지급할 의무가 있다(상 424조의2 1항). 회사가 공정한 가액에 이르지 못하는 발행가액을 정하면 그 가액으로 신주를 인수한 신주의 주주는 결과적으로 공정한 가액과의 차액에 상당하는 이익을 얻게 되는데, 발행가액은 회사가 정한 것이므로 원칙적으로 신주의 주주는 그 이익을 반환할 의무가 없다. 이러한 이익만큼 회사가 손해를 입었다면 이사에게 손해배상책임이 발생할 것이다. 그럼에도 불구하고 신주의 주주가 이사와 통모하여 불공정한 가액으로 발행가액을 정하게 하고, 그 가액으로 신주를 인수한 경우라면 구주주의 이익 보호 및 회사의 자본금 충실을 위하여 신주의 주주에게 공정한 가액과 발행가액과의 차액을 회사에 반환하게끔 하는 것이다.

차액의 반환에 대해서는 주주대표소송이 가능하다(상 424조의2 2항, 403조~406조). 또한 차액의 반환으로 이사의 회사 또는 주주에 대한 손해배상책임이 면제되는 것은 아니다(상 424조의2 3항).

② 특수한 신주발행

자본조달과 관계없는 이유로 이루어지는 신주발행의 경우로서 이들을 총칭하여 특수한 신주발행이라 한다. 실질적으로 회사의 자산이 증가하지 않는 명목상의 신주발행이라 할 수 있다.

(1) 전환주식의 전환(상 346조~351조)

전환주식의 전환에 의하여 전환주식은 소멸하고 전환비율에 따라 신주식이 발행된다. 신주식이 전환주식보다 많을 때에는 그만큼 자본금이 증가하지만 자금의 유입이 없기 때문에 자산은 증가하지 않는다.

(2) 준비금의 자본금전입(상 461조)

준비금을 자본금으로 전입하면 전입된 금액만큼 자본금이 증가하고, 액면주식의 경우 자본금 증가분을 액면가로 나눈 수만큼의 신주가 발행된다. 그러나 자산의 유입 없이 계정 간의 이동에 불과하므로 자산의 증가는 없다.

(3) 전환사채의 전환(상 513조~516조)

전환사채를 주식으로 전환하면 사채는 소멸하고 발행조건에 따라 그에 상응하는 신주를 발행하므로 신주의 주식수에 액면가를 곱한 금액만큼 자본금이 증가한다. 자본금이 늘어난다 하여 새로운 자금이 유입되는 것은 아니어서 자산이 증가하는 것은 아니지만, 부채의 감소로 순자산이 증가한다.[7]

★7 동일한 수액의 자산이 유출되었다가 다시 유입되는 과정이 생략되었다고 이해한다면 자본조달의 효과라는 면에서는 통상의 신주발행과 흡사하다.

(4) 합병으로 인한 신주발행(상 523조 3호)

흡수합병의 경우 존속법인이 소멸법인의 주주에게 합병조건에 따라 액면주식의 신주를 발행하면 자본금은 증가하지만 순자산은 변동하지 않는다.[*8]

(5) 주식의 포괄적 교환(상 360조의2)

주식의 포괄적 교환의 경우, 완전자회사가 되는 회사의 주주는 완전모회사가 되는 회사에 모든 주식을 이전하고, 그 대가로 완전모회사가 되는 회사가 발행하는 신주를 배정받음으로써 그 회사의 주주가 된다. 완전모회사가 되면서 완전자회사의 주식을 이전받음으로써 자산이 증가하고, 신주를 발행함으로써 자본금이 증가하게 된다. 완전모회사의 자산 증가는 주식의 포괄적 교환의 결과이지 신주발행의 결과가 아니다.

(6) 주식분할(상 329조의2)

주식을 분할하면 분할하는 비율의 역수의 배만큼 발행주식수가 증가하는데, 증가분만큼의 신주가 발행되지만 그에 따른 자금의 유입은 없다. 자본금이나 자산에 변동이 없다.

③ 자본금의 감소

1 의 의

자본금의 감소(감자)는 자본금의 금액을 축소하는 것이다. 자본금은 회사의 물적 기초로서 이를 줄이게 되면 회사의 사업능력과 지급능력의 저하를 초래할 수 있다. 그러므로 자본금의 감소는 주주와 회사채권자에게 중요한 이해가 걸린 문제이다. 이런 까닭에 상법은 엄격한 요건 아래에서 자본금의 감소를 허용하고 있다.

② 자본금감소의 구분

(1) 실질감자와 명목감자

액면주식을 발행한 회사가 자본금을 감소한 경우 순자산의 감소 여부에 따라 실질감자(실질적인 자본금감소)와 명목감자(명목적인 자본금감소)로 분류한다. 실질감자는 감소된 금액의 일부 또는 전부를 주주에게 지급하여 순자산도 감소하는 것이고(유상감자), 명목감자는 자본금의 수액만 감소하고 순자산은 사외에 유출하지 않는 것이다(무상감자).

(2) 목적에 따른 구분

결손보전감자는 결손의 보전을 목적으로 이루어지는 감자로서, 보전되는 결손액과 일치하는 금액의 자본금을 무상으로 감소하는 것이다. 여타의 감자와는 달리 그 요건이 상당히 완화되어 주주총회의 보통결의만으로 그 실행이 가능하다(상 438조 2항, 439조 2항). 보전되는 결손액과 감소되는 자본금이 일치해야만 하므로, 그렇지 않은 경우에는 결손보전감자라 할 수 없으므로 주주총회의 특별결의와 채권자보호절차를 요한다고 본다.

★8 존속법인이 소멸법인의 자산을 모두 승계하므로 존속법인의 자산이 증가하기는 하지만, 이는 합병의 효과이지 신주발행의 효과는 아니다.

③ 자본금감소의 방법

　액면주식을 발행한 경우 자본금은 발행주식의 액면총액이다(상 451조 1항). 즉, '자본금 = 액면가 × 발행주식수'의 산식으로 표현할 수 있다. 따라서 자본금의 감소는 액면가의 감액, 발행주식수의 감소 및 양자 병행의 세 가지 방법을 고려할 수 있다.

(1) 액면가의 감액

　발행주식수는 유지하면서 주식의 액면가액만을 낮추는 방법이다. 예를 들어 자본금을 30% 감소하려면 액면가를 30% 낮추는 것이다. 액면가는 균등해야 하므로 모든 주식에 대하여 동일한 감액비율이 적용되어야 한다.

(2) 주식수의 감소

　액면가를 유지하면서 발행주식수를 줄이는 방법이다. 여기에는 주식의 병합과 주식의 소각이라는 두 가지 방법이 있다.

㉮ 주식의 병합
　주식의 병합은 수개의 주식을 합하여 더 적은 수의 주식으로 새로 발행하는 방법이다. 주식평등의 원칙에 따라 모든 주주의 주식에 대하여 동일한 병합비율을 적용해야 한다. 주식병합의 효력이 발생하면 주주는 병합된 만큼 감소된 수의 신주권을 교부받게 되며, 신주권은 병합 전의 주식을 여전히 표창하면서 그와 동일성을 유지한다.

㉯ 주식의 소각
　발행주식 중 일부를 소멸하는 방법이다. 소각에 관한 주주의 동의 여부에 따라 임의소각과 강제소각으로 나눌 수 있고, 소각의 보상으로 주주에 대한 환급 여부에 따라 유상소각과 무상소각으로 나눌 수 있다. '임의·강제'와 '유상·무상'을 조합하면 네 가지 유형이 가능한데, 어떠한 경우라도 주식평등의 원칙이 적용되어야 한다.

4 자본금감소의 절차

(1) 주주총회의 결의

자본금의 감소에는 주주총회의 특별결의가 있어야 한다(상 438조 1항). 다만 결손의 보전을 위한 자본금의 감소는 보통결의에 의한다(상 438조 2항). 그리고 자본금의 감소를 승인하는 주주총회의 소집통지에는 자본금의 감소에 관한 의안의 주요 내용을 기재해야 한다(상 438조 3항).

(2) 정관변경

자본금감소를 승인하는 결의를 할 때에는 어떠한 방법으로 자본금을 감소할 것인지를 정해야 한다. 액면가를 감액하는 방법을 선택한다면 액면가는 정관의 절대적 기재사항이므로 정관변경이 필요할 것이다. 액면가의 감액과 관련 없는 방법을 선택한다면 정관의 변경은 필요하지 않다.

(3) 채권자보호절차

자본금감소는 채권자에 대한 책임재산의 감소를 뜻하므로 채권자보호가 필요하다(상 439조 2항 본문). 그러나 결손보전을 위한 자본금감소의 경우에는 자산이 사외로 유출되지 않아 채권자의 이해에 영향을 미치는 바 없으므로 채권자보호는 필요하지 않다(상 439조 2항 단서).

회사는 감자 결의가 있은 날부터 2주 내에 회사채권자에 대하여 감자

에 이의가 있으면 일정한 기간(1월 이상: 이의제출기간) 내에 이를 제출할 것을 공고하고, 알고 있는 채권자에 대하여는 따로따로 이를 최고하여야 한다(상 439조 2항, 232조 1항).

이의제출기간 내에 이의를 제출하지 않은 채권자는 합병을 승인한 것으로 본다(상 439조 2항, 232조 2항). 이의를 제출한 채권자가 있는 때에 회사는 그 채권자에 대하여 변제를 하거나 또는 이미 변제에 충분한 담보 또는 신탁이 있는 경우를 제외하고는 상당한 담보를 제공하거나 이를 목적으로 하여 상당한 재산을 신탁회사에 신탁해야 한다(상 439조 2항, 232조 3항).

(4) 액면주식의 병합·소각 및 액면가의 감액

액면주식을 발행한 회사가 자본금을 줄이기 위해 주식을 감소시키는 방법을 취한다면 주식을 병합 또는 소각하여야 하고, 액면가를 낮추는 방법을 취한다면 정관을 변경하고 구주권을 새로운 액면가의 신주권으로 교환해야 한다.

㉮ 주식병합

주식을 병합할 경우, 회사는 1월 이상의 기간(주권제출기간)을 정하여 그 뜻과 그 기간 내에 주권을 회사에 제출할 것을 공고하고 주주명부에 기재된 주주와 질권자에 대하여는 각별로 그 통지를 해야 한다(상 440조).

주식병합은 주권제출기간이 만료한 때에 그 효력이 발생한다(상 441조 본문). 그러나 채권자의 이의제출기간 및 이의에 따른 변제 등 후속 절차가 종료하지 않은 때에는 그 기간 또는 절차가 종료한 때에 효력이 발생한다(상 441조). 주식병합의 효력 발생은 자본금감소의 효력 발생을 의미하며, 이로써 주권 제출 유무에 관계없이 구주식은 소멸하고 구주권은 실효한다.

자본금감소의 효력이 발생한다는 것은 신주의 효력이 발생한다는 것을 뜻하는바, 구주권을 제출한 주주에게는 신주권을 교부해야 한다. 분실 등의 사유로 구주권을 제출하지 못하는 주주가 있는 경우, 회사는 그 자의 청구에 의하여 3월 이상의 기간을 정하고 이해관계인에 대하여 그 주권에 대한 이의가 있으면 그 기간 내에 제출할 뜻을 공고하고, 그 기간이 경과하도록 이의가 없으면 신주권을 청구자에게 교부할 수 있으며, 이때의 공고 비용은 청구자의 부담으로 한다(상 442조).

병합비율에 따라서는 단주가 발생한다. 이 경우에는 단주에 해당하는 부분에 대하여 발행한 신주를 경매하여 그 대금을 단주의 소유 비율에 따라 종전의 주주에게 지급해야 한다(상 443조 1항 본문). 그러나 거래소의 시세 있는 주식은 거래소를 통하여 매각하고, 거래소의 시세 없는 주식은 법원의 허가를 얻어 경매 이외의 방법으로 매각할 수 있다(상 443조 1항 단서).

나 주식소각

주식소각의 절차에 관해서는 따로 규정을 두지 않고 주식병합의 절차에 관한 규정을 준용한다(상 343조 2항, 440조, 441조).

다 액면가의 감액

액면가를 감액하는 경우에는 기존의 주권을 제출하게 하여 이를 새로운 액면의 신주권과 교환하여야 하는데, 그 절차와 효력 발생 등은 병합에 관한 규정(상 440조~442조)을 유추 적용해야 한다. 액면가 감액의 경우에는 단주가 발생하지 않는다.

(5) 감자차익의 처리

액면주식을 발행한 회사의 자본금이 감소한 경우 감소되는 자본금의 금액이 주주에게 환급하는 금액보다 많으면 그 차액은 우선적으로 결손의 전보에 충당한다. 그 후에도 잔액이 있으면 이 금액을 감자차익이라 한다. 감자차익은 자본거래에 따른 잉여금이므로 자본준비금으로 적립해야 한다(상 459조 1항).

(6) 등 기

자본금이 감소하면 등기사항(상 317조 2항)에 변동이 생기므로 이에 따른 변경등기를 해야 한다(상 317조 4항, 183조).

5 감자무효의 소

자본금감소의 무효는 주주, 이사, 감사, 청산인, 파산관재인 또는 자본금의 감소를 승인하지 않은 채권자만이 자본금감소로 인한 변경등기가 된 날부터 6개월 내에 소로써 만 주장할 수 있다(상 445조).

상법은 개별적인 무효 사유를 열거하고 있지 않지만, 자본금감소의 절차, 방법, 내용이 법령 또는 정관에 위반하거나 현저하게 불공정한 경우에 무효라고 볼 것이므로,

주주총회결의의 하자, 채권자보호절차의 불이행, 주식평등의 원칙에 위반한 감소방법이나 절차 등을 그 예로 들 수 있을 것이다.

감자무효의 판결에는 대세적 효력이 인정되어 제3자에게도 판결의 효력이 미친다(상 446조, 190조 본문). 감소된 자본금은 감소 이전의 상태로 회복된다. 액면가를 감액한 경우에는 감소 전의 액면가로 회복되고, 소각된 주식은 부활하며, 병합된 주식은 병합 전 주식으로 분할된다. 유상감자를 한 경우에는 감소 당시의 주주가 회사에 대해 감소의 대가로 받은 금전을 반환하여야 할 것이다.

회사와 자본

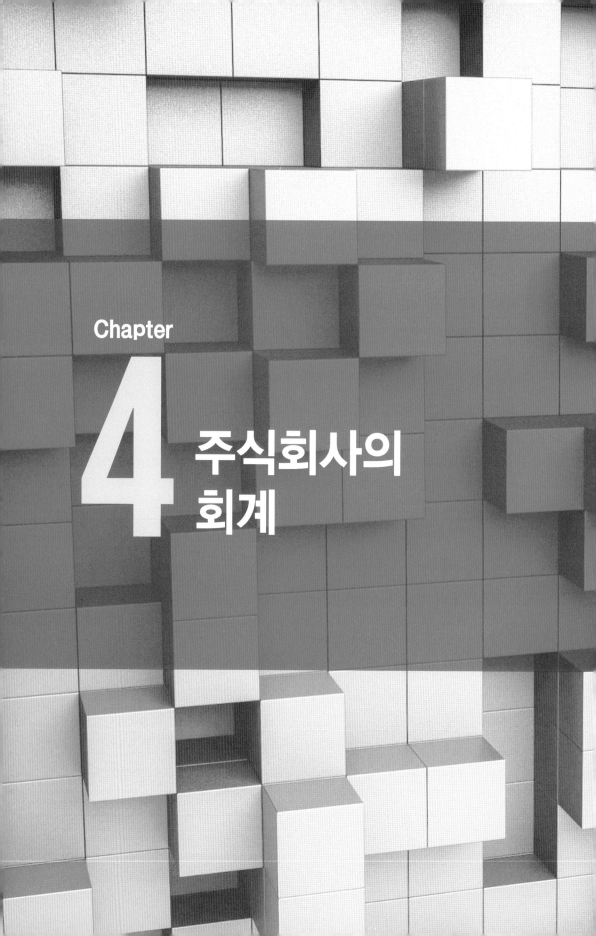

Chapter

4 주식회사의
회계

Chapter

4 주식회사의 회계

　현대의 기업은 대개 영구적으로 영리사업을 이어나갈 것을 희망한다 (계속기업). 이러한 기업의 재무상태와 경영성과를 정기적으로 명확하게 하는 것이 기업회계의 목적이라 할 수 있다. 기업의 회계에 관련한 법은 기업을 둘러싼 관계자의 이익을 조정하는 견지에서, 하지만 회계의 발달에 지장을 주지 않는 범위에서 최소한의 규제를 행하는 것을 목적으로 삼는다. 기업회계이든 또 이를 규제하는 법이든 기업의 형태나 규모, 이해관계자의 범위나 성격 등에 따라서 그 내용이 같지 않으며, 시대의 흐름에 따라 그 중점도 위치를 달리하게 된다.

　주식회사는 주주의 책임을 제한한다는 원칙에 서 있기 때문에 회사 자산의 유지가 중요하다. 그런 까닭에 배당, 기타 이익의 처분을 규제하는 것이 불가결하며, 재무상태와 경영성과의 지표 또한 이익산출과정의 측면에서 강력한 규제를 받는다. 이러한 점에서 상법상 주식회사의 회계 관련 규정은 두 개의 축으로 연결되어 있다고 볼 수 있다. 그 하나가 자본충실을 바탕으로 계속기업으로서의 재산적 기초를 유지하는 동시에 채권자를 위한 책임재산의 확보이고, 다른 하나가 자산과 손익의 인식에 있어서

진실성을 달성하는 데 필요한 법적 제도의 운용이다. 전자와 관련된 것이 준비금의 적립·사용에 관한 규정(상 458조~461조의2) 및 이익배당의 요건에 관한 규정(상 462조~462조의4) 등이고, 후자와 관련된 것이 재무제표 등의 작성, 승인, 공시 등에 관한 규정(상 447조~449조의2) 등이다.

1 재무제표 및 영업보고서

1 재무제표의 의의와 종류

재무제표는 원래 회계학 용어로서 광의로는 포괄적인 기업의 재무에 관한 서류를 말한다. 그중에서도 결산보고를 위한 서류가 가장 중요하기 때문에, 협의로는 기업회계상 결산보고로서 정기적으로 기업의 재무상태 및 경영성과에 관한 회계정보를 이해관계자에게 제공하기 위해 작성하는 일정한 형식을 갖춘 서류를 말한다. 관행적으로 결산보고서라고도 한다.

상법상 주식회사에서 재무제표라 함은 회사의 결산을 위해 이사가 작성하고 주주총회의 승인을 받아 확정되는 회계서류로서 ① '대차대조표', ② '손익계산서', ③ '자본변동표 또는 이익잉여금처분계산서(결손금처리계산서) 중 회사가 선택하는 하나의 서류'를 말한다. 또한 「주식회사 등의 외부감사에 관한 법률」의 적용을 받는 회사로서 지배회사의 경우에는 연결재무제표도 포함된다.

① 대차대조표 : 특정 시점의 회사의 재무상태를 나타낸 것이다. 회사의 자산, 부채, 자본(금)을 일정한 기준에 따라 기재한다. 여러 시점의 대차대조표를 비교하면 재무상태의 변화를 용이하게 파악할 수 있다. 기업회계에서는 재무상태표라고 한다.

② 손익계산서 : 일정기간 동안의 기업의 경영성과를 표시한다. 보통 하

나의 영업연도에서 발생한 수입 및 비용을 기재하고 그 기간의 순손익을 표시한다. 주당수익률 등 회사의 수익성에 대한 다양한 정보를 얻을 수 있다.

③ 자본변동표, 이익잉여금처분계산서, 결손금처리계산서 : 자본변동표는 일정기간 동안 발생한 자기자본 계정의 변동을 구성요소별로 구분하여 나타낸 것이다. 이익잉여금처분계산서 또는 결손금처리계산서는 자본 계정의 하나의 항목에 불과한 이익잉여금 또는 결손금의 변동만을 보고할 뿐인데, 자본변동표는 자기자본을 구성하는 모든 항목의 변동을 파악하는 장점이 있다. 다만, 자본변동표의 작성은 소규모 주식회사에 부담이 될 수 있는 까닭에 회사에 선택의 여지를 주고 있다.

④ 연결재무제표 : 지배회사와 종속회사로 이루어지는 경제적 실체의 재무상태, 경영성과, 자본변동 및 현금흐름에 관한 정보를 제공하기 위해 지배회사가 작성하는 재무제표를 말한다(외감 2조 3호).

한편, 상법은 이사로 하여금 결산기마다 영업보고서를 작성해 이사회의 승인을 얻도록 하고 있다(상 447조의2 1항). 영업보고서는 재무제표는 아니지만 회사의 영업상태 등을 기술한 것으로서 수치로 표현될 수 없는 다양한 내용을 모두 기재하고 있다. 영업보고서에는 영업에 관한 중요한 사항(상령 17조)을 기재해야 한다(상 447조의2 2항). 영업보고서는 주주총회에 보고해야 하지만(상 449조 2항) 그 승인을 요하지는 않는다.

② 재무제표의 승인 절차

(1) 재무제표 등의 작성

대표이사는 매 결산기에 재무제표와 그 부속명세서 및 영업보고서를 작성해 이사회의 승인을 얻어야 한다(상 447조, 447조의2).

(2) 감 사

㉮ 감사의 감사

대표이사는 정기총회 6주간 전에 재무제표와 그 부속명세서 및 영업보고서를 감사(감사위원회)에게 제출해야 한다(상 447조의3). 감사는 재무제표와 그 부속명세서 및 영업보고서를 받은 날로부터 4주 내에 감사보고서를 대표이사에게 제출해야 한다(상 447조의4 1항). 감사보고서에는 감사방법의 개요 등 10개 사항을 기재해야 하며(447조의4 2항), 감사를 하기 위해 필요한 조사를 할 수 없었던 경우에는 감사보고서에 그 뜻과 이유를 적어야 한다(447조의4 3항).

㉯ 외부감사

상장법인 기타 일정한 회사는 재무제표에 관해 외부감사인의 감사를 받아야 한다(외감 6조 2항). 외부감사인의 감사의견은 적정, 한정, 부적정 의견, 의견 거절 등으로 감사보고서에 표시된다.

(3) 재무제표의 비치 및 공시

대표이사는 정기총회 회일의 1주간 전부터 재무제표 및 영업보고서와 감사보고서를 본점에 5년간, 그 등본을 지점에 3년간 비치해야 한다(상 448조).

(4) 재무제표의 승인

대표이사는 재무제표를 정기총회에 제출하여 그 승인을 요구하고, 영업보고서를 제출하여 그 내용을 보고해야 한다(상 449조 1·2항). 이처럼 재무제표의 승인은 원칙적으로 주주총회가 보통결의로써 행한다. 다만, 정관에 이사회의 결의로 재무제표를 승인한다는 뜻의 정함이 있고, 회사의

재무상태 및 경영성과를 적정하게 표시하고 있다는 외부감사인의 의견과 감사 전원의 동의가 있으면 이사회가 승인기관이 될 수 있다(상 449조의 2 1항). 이사회가 재무제표를 승인한 경우 이사는 재무제표의 내용을 주주총회에 보고해야 한다(상 449조의2 2항).

주주총회에서 재무제표를 승인한 때에는 이사는 지체 없이 대차대조표를 공고해야 한다(상 449조 3항). 정기총회에서 재무제표를 승인한 후 2년 내에 다른 결의가 없으면 부정행위를 제외하고 회사는 이사와 감사의 책임을 해제한 것으로 본다. 원래 총주주의 동의로만 이사와 감사의 책임을 면제할 수 있음(상 400조 1항, 415조)에 비추어 볼 때 상당히 이례적인 규정이다. '다른 결의'라 함은 이사와 감사의 책임을 인정 또는 추궁하는 내용의 결의를 뜻한다.

② 준비금

1 총 설

(1) 의 의

준비금이란 영업연도말에 회사가 보유하는 순자산액 중 자본금을 초과하는 금액으로서 회사가 주주에게 배당하지 않고 사내에 적립하는 금액을 말한다. 회사가 배당가능이익을 계산할 때 순자산액에서 준비금을 공제하도록 하고 있다는 점에서(상 462조 1항)[*1] 재산의 사외유출을 억제하는 동시에 장래의 비상사태에 대비할 수 있게 하는 재산적 기초가 된다. 그런 점에서 자본유지의 원칙을 실천하는 기능을 한다.

(2) 종 류

준비금에는 법률의 규정에 의해 의무적으로 적립하는 법정준비금과 정관 또는 주주총회의 결의에 의해 적립하는 임의준비금이 있다.[2]

2 법정준비금의 적립

법정준비금은 자본거래에서 발생하는 이익을 재원으로 하여 적립하는 자본준비금과 영업(손익)거래에서 발생하는 이익을 재원으로 하여 적립하는 이익준비금으로 구별한다.

(1) 자본준비금

자본준비금의 재원은 매 결산기의 자본거래에서 발생한 잉여금이다. 자본거래로부터 발생한 이익은 자본금으로 계상되지 않았을 뿐 그 본질적인 면에서는 자본금에 준하는 성질을 가지므로 배당의 재원으로 사용할 수는 없고 무제한 적립해야 한다(상 459조 1항).

합병이나 분할 또는 분할합병의 경우 소멸 또는 분할되는 회사의 이익준비금이나 그 밖의 법정준비금은 합병, 분할, 분할합병 후 존속되거나 새로 설립되는 회사가 승계할 수 있다(상 459조 2항).

[1] 이러한 점에서 그 성질이 자본금과 유사하며, 기업회계에서는 자본금과 준비금을 합하여 '자기자본'이라고도 부른다.

[2] 세법상 그 적립이 강제되는 준비금도 상법에서는 임의준비금의 성격을 가진다.

(2) 이익준비금

이익준비금의 재원은 잉여금이다. 회사는 자본금의 2분의 1이 될 때까지 매 결산기에 이익배당액의 10분의 1 이상의 금액을 이익준비금으로 적립해야 한다(상 458조 본문). 이익배당에 의하여 재산이 외부로 유출되므로 그 액의 일정 비율에 해당하는 만큼을 적립해 놓으라는 의미이다. 따라서 이때의 이익배당이란 금전배당과 현물배당을 의미하며, 주식배당의 경우에는 적립할 필요가 없다(상 458조 단서). 적립된 이익준비금의 액수가 자본금의 2분의 1을 초과하게 되면 그 초과분은 임의준비금의 성격을 갖는다.

③ 법정준비금의 사용

법정준비금은 자본금의 결손 보전에 충당하거나(상 460조) 자본금에 전입하는(상 461조 1항) 것 외에는 이를 처분할 수 없다.

(1) 결손의 보전

자본금의 결손이란 결산기 말의 회사의 순자산액이 자본금과 법정준비금(자본준비금 + 이익준비금)의 합계에 미달하는 상태이다. 다만, 임의준비금으로 보전이 가능하다면 결손으로 보지 않는다. 영업연도 도중에 일시적으로 미달하는 상태가 발생해도 아직 기말의 손익상태가 확정된 것은 아니므로 이 또한 결손으로 볼 수 없다.

결손의 보전이 법으로 강제되는 것은 아니므로 회사는 준비금을 사용하여 보전할지 아니면 결손금을 이월할지를 임의로 결정할 수 있다. 결손을 보전하는 경우 준비금의 사용 선후에 관해서는 제한이 없으므로 어느 준비금을 먼저 사용하든 상관없다(상 461조1항).

(2) 자본금전입

㉮ 의의

준비금의 자본금전입이란 준비금 계정의 금액에서 일정액을 덜어내고 그와 동일한 금액을 자본금 계정에 집어넣는 것이다. 이익준비금은 자본금의 2분의 1까지 적립해야 하고, 자본준비금은 무제한 적립해야 하므로 준비금이 자본금에 비해 과대한 금액이 될 수 있다. 준비금의 원래 목적이 자본결손의 보전인데, 당분간 결손이 예상되지 않는다면 거액의 준비금을 유지하는 것이 재무관리상 부적절할 수도 있다. 이에 재무구조의 개선을 위하여 준비금의 전부 또는 일부를 자본금에 전입할 필요가 생긴다.

㉯ 액면주식을 발행한 회사의 자본금전입

회사는 이사회의 결의로 전입을 결정할 수 있으며, 정관으로 주주총회의 결의사항으로도 할 수 있다(상 461조 1항). 준비금의 자본금전입으로 자본금은 증가하고, 전입액을 액면가로 나눈 수의 신주가 발행된다.[3] 이를 보통 무상증자라고 하며, 이때 발행되는 신주를 무상주라고 한다. 자본금과 발행주식수는 증가하지만 회사의 순자산에는 변동이 없다. 실제 자산의 유입 없이 계정 간의 이동만 있기 때문이다.

직전결산기의 대차대조표에 의해 확정된 법정준비금(자본준비금, 이익준비금)은 자본금으로 전입할 수 있으나 임의준비금은 불가능하다. 임의준비금의 재원은 이익잉여금인데, 이를 자본화하면 주주의 이익배당청구권을 침해하기 때문이다.

신주의 발행은 발행예정주식총수 중에 미발행분의 범위 내에서 액면가로 발행하며, 기존의 주주에게 신주인수에 관한 별도의 절차 없이 그의

---

[3] 무액면주식을 발행한 회사의 경우에는 자본금과 발행주식수가 연관성을 갖지 않으므로 이사회 또는 주주총회의 결의로 자본금전입이 이루어지고 신주는 발행하지 않는다.

지주비율에 따라 주어진다(상 461조 2항 전문). 그리고 단주가 발생하면 주식병합의 경우와 같이 이를 매각한 금액을 주주에게 지급한다(상 461조 2항 후문, 443조 1항).

이사회의 결의로 자본금전입을 결정하는 때에는 회사가 배정기준일을 공고해야 하므로 이날에 신주의 효력이 발생하고(상 461조 3항), 주주총회의 결의로 자본금전입을 결정하는 때에는 결의가 있은 때부터 신주의 주주가 된다(상 461조 4항).

4 법정준비금의 감소

회사는 직전결산기를 기준으로 적립된 자본준비금 및 이익준비금의 총액이 자본금의 1.5배를 초과하는 경우에[★4] 주주총회의 결의에 따라 그 초과한 금액의 범위 내에서 자본준비금과 이익준비금을 감액할 수 있다(상 461조의2). 자본금과 준비금의 조화를 꾀함으로써 재무구조에 탄력성을 부여하기 위한 것으로서 배당가능이익이 확대되는 효과를 볼 수 있다. 어떠한 준비금을 먼저 감소하는지에 대한 제약은 없으며, 준비금의 감소와 결손의 보전을 함께 실행할 수 있다.

3 이익배당

회사가 영업을 통하여 이윤을 추구하고 그 얻은 이익을 사원에게 분배하는 것은 회사의 존재 이유이자 목적이다. 사원 또한 이익의 분배를 주된 목적으로 출자를 행한다. 이러한 점에서 주주의 이익배당청구권은 주주의 권리 중에서도 의결권과 함께 가장 본질적이고 중요한 권리라고 할 수 있다.

이익배당의 실현은 재무제표의 확정을 전제로 하므로 정기주주총회에서 이익배당(정기배당)을 결정하며(상 462조 2항), 직전결산기에 계산된 배당가능이익 범위 내에서 영업연도 중간에 추가로 배당(중간배당)을 할 수도 있다(상 462조의3 1항).[5]

이익배당은 주로 금전으로 하지만(금전배당), 이에 한하지 않고 신주를 발행하여 하거나(주식배당) 재산으로 하는 것(현물배당)도 가능하다.

1 정기배당

(1) 이익배당의 요건

이익배당은 자산의 사외유출을 뜻하므로 자본충실과 채권자보호에 부정적인 영향을 미칠 수 있다. 따라서 상법은 이익배당의 요건에 관하여 엄격한 규정을 두고 있다. 이익배당은 배당가능이익의 범위 내에서만 할 수 있으며, 배당가능이익은 대차대조표상의 순자산액으로부터 ① 자본금의 액, ② 그 결산기까지 적립된 법정준비금의 합계액, ③ 그 결산기에 적립해야 할 이익준비금의 액, ④ 소정의 미실현이익을 공제한 금액을 뜻한다(상 462조, 상령 19조 1항). 이 요건을 충족하지 못한 이익배당의 결의는 당연히 무효이다.

재무제표의 승인(상 449조 1항)과 이익배당의 결정(상 462조 2항)은 별개의 결의에 의하지만, 이익배당의 재원이 되는 배당가능이익은 재무제표의 승인에 의해 확정되므로 이익배당의 결정은 재무제표의 승인을 전제로 한다.

★4 자본금에 결손이 있는 때에는 준비금에서 결손금을 차감한 잔액이 자본금의 1.5배를 초과해야 하고 그 초과한 부분에 한해 감소할 수 있을 것이다.

★5 상장회사는 정기배당 외에 연 3회에 걸친 분기배당도 할 수 있다(자금 165조의12)..

(2) 이익배당의 결정

이익배당은 원칙적으로 주주총회의 보통결의에 의하지만(상 462조 2항 본문), 이사회가 주주총회를 갈음하여 재무제표를 승인한 경우(상 449조의 2 1항)에는 이익배당 또한 이사회의 결의로 결정한다(상 462조 2항 단서).[*6]

(3) 현물배당

이익배당은 금전 외의 재산, 즉 현물로 할 수 있다(상 462조의4 1항). 현금의 유출을 회피하는 동시에 재산의 매각비용을 절약하여 재무관리에 긍정적 효과를 누릴 수 있다. 현물은 금전이 아닌 경제적 가치가 있는 재산을 말한다. 각 주주가 보유하는 주식의 수가 일정하지 않을 것이므로 현물은 가분적일 필요가 있다. 대체로 회사가 보유하는 다른 회사 주식이나 사채 등으로 배당할 것이다.

현물배당을 위해서는 우선 회사가 금전 외의 재산으로 배당을 할 수 있다는 뜻이 정관에 규정되어 있어야 하며(상 462조의4 1항), 이에 근거하여 이익배당을 결정하는 주주총회 또는 이사회에서 현물배당을 하기로 결의해야 한다. 그리고 이 결의에서는 ① 주주가 현물 대신 금전의 지급을 회사에 청구할 수 있는지 여부와 금전 지급 청구가 가능하도록 결정한 경우에는 그 금액 및 청구할 수 있는 기간, ② 일정 수 미만의 주식을 보유한 주주에게 현물 대신 금전을 지급하기로 한 경우에는 그 일정 수 및 금액을 정할 수 있다(상 462조의4 2항).

② 중간배당

중간배당은 영업연도 중간에 이루어지는 이익배당을 말한다. 당해 사업연도의 손익이 확정되기도 전에 자산이 사외로 유출되는 점, 주주총회의 결의에 비하여 상대적으로 수월한 이사회의 결의만으로 가능하다는 점, 당해 사업연도의 손익 상황에 악영향을 미칠 수 있는 점 등에서 자본금의 건실한 유지에 부정적으로 작동할 수 있다. 이런 까닭에 상법은 엄격한 요건을 충족하여야 중간배당을 할 수 있도록 하는 한편, 부당한 중간배당이 이루어진 경우 이사에게 엄중한 책임을 묻고 있다.

연 1회의 결산기를 정한 회사가 영업연도 중 1회에 한하여 이사회의 결의로 일정한 날의 주주에게 이익을 배당하는 것이 중간배당이며, 실제로 중간배당을 하기 위해서는 미리 중간배당에 관한 사항을 정관에 규정해 놓아야 한다(상 462조의3 1항).

중간배당은 직전 결산기의 대차대조표상의 순자산액에서 ➊ 직전 결산기의 자본금의 액, ➋ 직전 결산기까지 적립된 자본준비금과 이익준비금의 합계액, ➌ 직전 결산기의 정기총회에서 이익으로 배당하거나 또는 지급하기로 정한 금액, ➍ 중간배당에 따라 당해 결산기에 적립하여야 할 이익준비금의 금액을 공제한 액을 한도로 한다(상 462조의3 2항).

회사는 당해 결산기의 대차대조표상의 순자산액이, 배당가능이익을 계산하기 위해 순자산액에서 공제하는 금액(상 462조 1항)의 합계액에 미치지 못할 우려가 있는 때에는 중간배당을 해서는 안 되며(상 462조의3 3항), 이에 위반하여 고의 또는 과실로 중간배당을 한 경우 이사는 회사에 대하여 연대해 그 차액(배당액이 그 차액보다 적을 경우에는 배당액)을 배상할 책임이 있으며, 무과실에 대한 입증책임은 이사가 부담한다(상 462조의3 4항). 중간배당은 금전배당 또는 현물배당만 가능하다. 주식배당에는 주주총회의 결의가 필요하기 때문이다.

③ 이익배당의 기준

이익배당은 우선주 및 후배주의 경우를 제외하고 각 주주가 가진 주식의 수에 따라 평등하게 하여야 한다(상 464조). 이는 주식회사의 기본원칙

★6 이익배당을 이사회가 결정하는 경우에도 이를 주식배당으로 하는 때에는 별도로 주식배당에 관한 주주총회의 결의가 필요하다(상 462조의2 1항).

에 속하는 강행규정으로서 정관이나 주주총회의 결의에 의해서도 달리 정할 수 없으며,[7] 우선주·후배주의 경우에는 정관의 규정에 따라 차등배당을 할 수 있다.

영업연도 중간에 신주식이 발행된 경우 당해 연도의 결산을 통한 이익배당은 구주와 차등 없이 균등하게 배당(동액배당)한다.[8]

4 배당금 지급 시기와 시효

회사는 정기배당금을 주주총회 또는 이사회의 배당결의(상 462조 2항)가 있는 날로부터 1월 내에 그리고 중간배당금은 이사회의 결의가 있은 날로부터 1월 내에 지급해야 한다(상 464조의2 1항 본문). 배당금의 지급이 지연되지 않도록 하려는 취지이다. 다만, 회사 나름대로 사정이 있는 경우도 감안해 배당을 결의하면서 배당금의 지급 시기를 따로 정할 수 있다(상 464조의2 1항 단서). 그리고 배당금지급청구권의 소멸시효는 5년이며(상 464조의2 2항), 그 기산점은 배당결의 시로부터 1개월이 경과한 때 또는 따로 정한 지급기한이 경과한 때이다.

5 주식배당

(1) 주식배당의 개념과 성질

주식배당은 금전 대신 새로 액면발행하는 주식으로 하는 이익배당이다(상 462조의2 1항 본문·2항). 따라서 배당해야 할 이익을 금전의 액수로 확정하고, 그 후에 이를 주식의 액면가로 나눈 수만큼의 주식으로 배당한다. 이익배당의 한 방법이므로 주식 평등의 원칙에 따라 무상으로 신주가 주어지는 것이다.

(2) 주식배당의 요건

모든 주식이 즉시적인 환가가 용이한 것은 아니므로 주주 입장에서는 주식배당이 금전배당보다 불리할 수도 있다. 이를 감안하여 주식배당은 이익배당 총액의 2분의 1에 상당하는 금액을 초과하지 못한다(상 462조의 2 1항 단서).[9]

주식배당도 이익배당이므로 당연히 배당가능이익 범위 내에서만 가능하며, 신주를 발행해야 하므로 발행예정주식총수 중에 미발행의 여분이 있어야 한다. 한편, 배당으로 자산이 사외로 유출되지는 않고 그 부분이 자본화되는 까닭에 주식으로 배당되는 부분에 대한 이익준비금은 적립할 필요가 없다(상 458조 단서). 회사가 종류주식을 발행한 때에는 각각 그와 같은 종류의 주식으로 할 수 있다(상 462조의2 2항).

주식배당을 위해서는 주주총회의 결의가 필요하다(상 462조의2 1항 본문). 이사회가 이익배당을 승인하는 경우에도 이를 주식배당으로 하려면 별도로 주주총회의 결의를 요한다.

(3) 주식배당의 효과

주식배당을 위해서는 신주의 발행을 수반하므로 그만큼 발행주식수가 증가하고 이에 따라 자본금도 증가한다. 주식배당의 결과로 발생한 단주는 경매하여 그 대금을 주주에게 지급하되, 거래소의 시세가 있는 주식은

[7] 소액주주의 배당률을 대주주보다 더 높게 하는 차등배당은 그것이 배당에 관한 대주주 스스로의 양보 또는 포기로 인정되는 경우는 유효하다고 보는 것이 판례의 입장이다(대법원 1980. 8. 26. 선고 80다1263 판결).

[8] 이론적으로는 일할배당이 더 정확한 방법이 될 수 있겠으나 그 대상이 되는 주식의 특정에 기술적인 어려움이 있을 것이기 때문에 실제 채택하기 어려운 방법이다. 대부분의 상장회사는 정관에 동액 배당을 한다는 규정을 두고 있다.

[9] 상장주식은 환가가 용이하므로 시가가 액면가를 상회하는 경우 이익배당 전액을 주식배당으로 할 수 있다(자금 165조의13 1항).

거래소를 통하여 매각하고 그 대금을 지급한다(상 462조의2 3항, 443조 1 항). 주식으로 배당을 받은 주주는 주식배당을 결의한 주주총회가 종결한 때부터 신주의 주주가 된다(상 462조의2 4항).[10] 그리고 회사는 신주의 효력이 발생한 후 지체 없이 주권을 발행해야 한다.

등록질권자의 권리는 주주가 배당받은 주식에 미치는바(상 462조의2 6 항 전문), 등록질권자는 회사에 대해 주권의 교부를 청구할 수 있다(상 462 조의2 6항 후문, 340조 3항). 주식배당의 성격을 이익배당으로 본다면 약식질권자의 권리는 배당주식에 미치지 않는 것으로 이해해야 한다.

⑥ 위법배당의 효과

법령·정관에 위반하여 행해진 이익배당을 위법배당이라 한다. 배당가능이익이 없음에도 불구하고 이루어진 배당, 배당가능이익의 범위를 초과한 배당, 주식평등의 원칙에 위반한 배당, 법정의 절차나 요건에 하자가 있는 배당 등을 그 예로 들 수 있다.

　상법이 규정하는 배당가능이익(상 462조 1항, 462조의3 2항)이 없는 상태에서 이루어진 정기배당 또는 중간배당은 무효이며, 회사와 회사채권자에게 반환청구가 인정된다(상 462조 3항, 462조의3 6항).

　주식배당이 위법한 경우에는 소에 의해서만 주식배당의 무효를 주장할 수 있다(상 429조 유추). 주식배당은 무상발행에 의한 것이므로 주금의 환급 문제는 생기지 않으며, 주식배당으로 인해 자산에 변동이 생긴 것은 아니므로 회사채권자의 반환청구는 인정되지 않는다.

　위법한 내용의 배당의안을 작성·집행한 이사는 회사, 주주, 채권자 등에 대해 손해배상책임을 지며(상 399조, 401조), 이사회에서 위법한 배당의안을 승인한 이사와 임무를 해태한 감사도 손해배상책임을 진다(상 399조, 414조, 415조의2 7항).

★10　결의에 의하여 즉시 신주의 효력이 발생하지 않음에 유의하여야 한다.

Chapter

5 사 채

Chapter

5 사 채

1 개 요

1 의 의

　사채(회사채)란 주식회사가 불특정 다수인으로부터 비교적 장기의 자금을 조달할 목적에서 집단적·정형적으로 부담하며, 액면가로 단위화된 증권인 채권(사채권)을 발행하는 형식으로 부담하는 채무를 뜻한다.

2 주식과의 비교

(1) 유사점

　불특정 다수인으로부터 자금을 조달하는 수단인 점에서 비슷하다. 그 결과 단위화된 권리가 유가증권에 표창되어 유통되는 점, 집단적 의사결정을 위해 주주총회나 사채권자집회와 같은 제도를 운영하는 점, 이사회가 발행 여부를 결정하며 인수를 위한 청약에 청약서주의를 채택하는 점 등에서 거의 같은 모습을 보인다.

(2) 차이점

① 주식의 경우 이익배당은 불확정적이지만, 사채의 경우 이자의 지급은 확정적이다. ② 주금의 환급은 원칙적으로 불가하지만, 사채는 만기에 상환된다. ③ 주주는 의결권을 통하여 회사의 의사결정에 관여할 수 있지만, 사채권자는 그렇지 않다. ④ 주식의 경우 자기주식의 취득에 일정한 제한이 있지만, 사채의 경우에는 자기사채의 취득에 제한이 없다.

② 사채발행의 방법

다음과 같이 분류할 수 있으나 거래계에서는 주로 증권회사와 같은 금융투자업자가 수탁회사가 되면서 응모 미달분을 인수하기로 하는 인수모집 형태를 취하는 것이 일반적이다.

① 총액인수

특정인이 회사와 계약을 함으로써 사채총액을 인수하는 방법이며, 계약의 상대방이 이미 특정되어 있으므로 사채청약서의 작성은 필요하지 않다(상 475조 전문).

2 공 모

불특정 다수로부터 사채를 모집하는 방법이며, 사채청약서의 사용이
필요하다(상 474조). 공모의 방법은 ① 발행회사(기채회사)가 직접 모집절차
를 담당하는 직접공모, ② 모
집절차를 타인(수탁회사)에 위
탁하는 위탁모집, ③ 위탁모
집의 경우에 응모액의 부족
분을 수탁회사가 인수할 것
을 약정하는 인수모집(도급
모집 또는 위탁도급(인수) 모집)
등으로 분류할 수 있다.

3 채권매출

미리 채권을 작성하고 일정한 기간을 정하여 이를 매출하는 방법이다.
공모에서 요구되는 사채발행절차를 생략할 수 있다.

3 사채발행의 절차

1 발행의 결정

사채의 발행은 이사회의 결의로 한다(상 469조 1항). 신주발행의 경우와
같이 자금조달의 신속을 도모하려는 취지이다. 발행을 결정하면서 사채
의 종류, 금액, 이율, 상환방법, 발행방법 등을 함께 정해야 한다. 이사회

는 정관으로 정하는 바에 따라 대표이사에게 사채의 금액 및 종류를 정하여 1년을 초과하지 않는 기간 내에 사채를 발행할 것을 위임할 수 있다(상 469조 4항).[*1]

2 사채의 인수

사채의 인수는 청약과 배정에 의하며, 청약은 사채청약서에 의한다(상 474조 1항). 총액인수, 위탁모집에서의 잔액인수 부분, 채권매출의 경우에는 사채청약서를 작성하지 않는다(상 475조). 사채의 모집에 응하고자 하는 자는 사채청약서 2통에 그 인수할 사채의 수와 주소를 기재하고 기명날인 또는 서명하여야 한다(상 474조 1항). 사채청약서는 이사가 작성하고 법정 사항을 적어야 한다(상 474조 2항). 사채발행의 최저가액을 정한 경우에는 응모자는 사채청약서에 응모가액을 기재해야 한다(상 474조 3항).

3 사채의 납입

사채의 모집이 완료되면 대표이사(위탁모집을 하는 경우 수탁회사)는 지체 없이 인수인에 대하여 각 사채의 전액 또는 제1회의 납입(분납의 경우)을 시켜야 한다(상 476조). 납입지체에 따른 실권절차는 규정되어 있지 않으며 상계, 경개, 대물변제가 가능하다.

★1   대표집행임원을 두면 대표이사를 둘 수 없는데, 대표집행임원에게도 위임할 수 있는지 문제된다. 그 여부를 상법에 명문으로 규정하는 바가 없기 때문이다. 상법에서 이사회의 권한으로 규정되어 있는 사항은 이사회가 집행임원에게 위임할 수 없도록 규정하고 있으므로(상 408조의2 3항 4호), 현행법의 해석으로는 불가하다고 볼 수밖에 없다.

4 사채의 유통

사채의 상환기간은 장기인 경우가 보통이므로 만기가 도래하지 않아도 자금을 회수할 수 있는 기회를 줄 필요가 있다. 그러므로 사채의 유통을 위하여 채권으로 유가증권화하고 사채원부로 관리하는 방법을 사용한다.[*2]

5 사채의 원리금 상환

1 이 자

사채에 반드시 이자를 붙여야 하는 것은 아니다. 이자를 붙이지 않는 사채는 보통 발행 시에 액면가에서 이자 상당액을 할인한 가격으로 발행한다. 이자부사채의 경우, 이자는 후급일 수도 있고 선급일 수도 있다.

이자부무기명사채의 경우 이자의 이중 지급을 방지하기 위해 채권에 이권을 붙여 발행하고, 이자지급 시마다 이 이권과 상환하여 이자를 지급한다. 이권은 기간별 이자청구권을 표창하는 독립된 무기명의 유가증권이자 면책증권이므로 사채와 별개로 유통될 수 있다.

이권부무기명사채의 만기 전 상환의 경우 이권이 흠결된 때에는 그 이권에 상당한 금액을 상환액으로부터 공제한다(상 486조 1항). 이권소지인의 보호를 위한 규정이다. 이 경우 이권소지인은 상환 후에도 언제든지 이권과 상환하여 공제액의 지급을 청구할 수 있다(상 486조 2항).

2 사채의 상환

사채의 상환금액은 사채의 금액(액면가액)과 일치하는 것이 보통이지만,

이자를 붙이는 방법의 하나로 사채금액보다 초과하는 상환금액을 정할 수도 있다. 1회의 특정일(상환일)에 전액 상환하는 일시상환이 보통이지만, 수회로 나누어 상환하는 분할상환도 가능하다.

발행회사가 어느 사채권자에 대하여 행한 변제, 화해, 기타의 행위가 현저하게 불공정한 때에는 사채관리회사는 소에 의해서만 그 행위의 취소를 청구할 수 있다(상 511조 1항). 모든 사채권자에게 충분히 변제할 자력이 없는 발행회사가 어느 특정의 사채권자를 우대함으로써 다른 사채권자들에 대한 변제능력을 저하시키는 것을 막기 위함이다. 소는 사채관리회사가 취소의 원인된 사실을 안 때로부터 6월, 행위가 있은 때로부터 1년 내에 제기해야 한다(상 511조 2항). 그러나 그 행위에 의한 수익자인 사채권자 또는 전득자가 그 행위 또는 전득 시에 사채권자를 해할 것을 알지 못한 때에는 취소를 청구할 수 없다(511조 3항, 민 406조 1항 단서).

3 시 효

사채의 상환청구권은 10년간 행사하지 아니하면 소멸시효가 완성된다(상 487조 1항). 사채의 공중성을 고려해서 상사시효를 적용하지 않는다. 그러나 이자 및 이권소지인의 이권공제액지급청구권에 대해서만 5년으로 한다(상 487조 3항).

★2 우리나라에서 발행된 사채는 거의 예탁결제원에 등록되어 있어서 채권이 발행되는 예는 그리 많지 않으며, 또한 유통되는 사채의 대부분은 무기명식인 까닭에 사채원부가 그다지 중요한 의미를 갖지는 않는다.

6 사채 관련 기구

1 사채관리회사

(1) 의 의

사채관리회사란 발행회사에 의해 선임되어 사채권자를 위해 사채의 상환청구, 변제수령 등 사채권의 관리에 필요한 사무를 집행하는 자이다. 상법은 사채권자 전체를 위한 일종의 법정대리인으로서 사채거래에 관한 전문적인 기술로써 사채권을 관리해 주는 사채관리회사라는 지위를 만들고, 이에 대해 사채에 관한 변제의 수령, 채권의 보전, 그 밖에 사채의 관리에 필요한 권한을 부여하는 동시에 사채권자의 보호를 위해 각종의 의무와 책임을 부여한다.

사채관리회사는 사채의 발행회사에 의해 지정되므로 발행회사의 수임인으로서 당연히 발행회사에 대해 선관주의의무를 지지만(민 681조), 사채권자에 대해서도 선량한 관리자로서 사채를 관리할 의무를 지며, 직접 손해배상책임을 진다(상 484조의2). 이는 계약상의 의무가 아니라 법이 사채권자의 보호를 위해 특별히 인정하는 의무이다.

(2) 지 정

사채관리회사의 업무는 사채권자를 위한 것이지만, 그 지정은 사채의 발행회사가 한다(상 480조의2). 그러나 그 선임은 강제되지 않으므로 제도의 실효성이 떨어질 우려가 있다.

은행, 신탁회사 그 밖에 시행령으로 정하는 자가 아니면 사채관리회사가 될 수 없다(상 480조의3 1항). 시행령에서는 은행법상의 금융기관, 자본시장법상의 소정의 투자매매업자 등을 적격자로 규정하고 있다(상령 26조). 자격을 구비했더라도 부적임자가 사채관리회사로 취임하는 것을 배제하기 위해 사채의 인수인, 기타 발행회사와 특수한 이해관계가 있는 자로서 시행령으로 정하는 자는 사채관리회사가 될 수 없다(상 480조의3 2항·3항). 시행령에서는 사채발행회사의 최대주주, 주요주주인 자, 사채발행회사가 대주주로 있는 자, 사채발행회사의 계열회사 등 사채발행회사와 특수한 관계에 있는 회사나 금융기관을 부적격자로 열거하고 있다(상령 27조).

(3) 권 한

사채관리회사는 사채권자를 위하여 사채에 관한 채권을 변제받거나 채권의 실현을 보전하기 위해 필요한 재판상 또는 재판 외의 모든 행위를 할 권한이 있다(상 484조 1항). 사채관리회사는 사채권자의 수권 없이 발행회사에 대해 사채의 상환을 청구할 수 있고, 사채권자의 이름으로 소를 제기할 수 있다. 일종의 법정대리권이다. 사채관리회사가 대리권을 갖는다고 해서 사채권자의 개별적인 상환청구권이 소멸하는 것은 아니며, 각 사채권자는 사채관리회사와 별개로 발행회사에 상환을 청구할 수 있다. 그러나 사채관리회사가 발행회사로부터 상환을 받으면 각 사채권자의 발행회사에 대한 상환청구권은 소멸하고, 사채관리회사에 대해서만 상환을 청구할 수 있다.

사채관리회사가 발행회사로부터 사채의 상환을 받은 때에는 지체 없이 이를 공고하고, 알고 있는 사채권자에게 통지해야 한다(상 484조 2항). 이 경우에 사채권자는 사채관리회사에 사채상환액 및 이자의 지급을 청구할 수 있는데, 사채권이 발행된 때에는 사채권과 상환하여 상환액지급청구를 하고, 이권과 상환하여 이자지급청구를 해야 한다(상 484조 3항).

사채관리회사의 보수는 사채권자에 우선하여 변제받는다(상 507조 2항). 사채관리회사가 2개 이상인 때에는 그 권한을 공동으로 행사해야 하며,

발행회사로부터 사채를 상환받은 때에는 사채권자에 대하여 연대하여 지급할 책임을 진다(상 485조).

(4) 주의의무와 손해배상책임

사채관리회사는 사채권자에 대하여 선량한 관리자의 주의로 사채를 관리해야 하며(상 484조의2 2항), 상법이나 사채권자집회의 결의를 위반한 행위를 한 때에는 사채권자에 대하여 연대하여 이로 인하여 발생한 손해를 배상할 책임이 있다(상 484조의2 3항). 사채관리회사는 사채권자와 위임관계를 갖지 아니하므로 사채관리회사의 주의의무와 손해배상책임은 사채권자의 보호를 위해 상법이 특히 마련한 법정책임이다.

또한 사채관리회사는 사채권자를 위하여 공평하고 성실하게 사채를 관리해야 한다(상 484조 1항). 이 의무는 기본적으로는 선관주의의무(상 484조의2 2항)이지만, 사채관리회사가 다수 사채권자의 사채를 관리한다는 사무의 특성을 감안한 주의적 의무이다.

(5) 행위의 제한

상법 제484조 제1항은 사채를 변제받거나 채권의 실현을 보전하기 위해 필요한 행위에 관해 사채관리회사에 포괄적인 권한을 부여하고 있으나, 구체적인 행위에 따라서는 사채관리회사의 월권으로 우려가 큰 경우도 있다. 상법은 사채권자의 권리가 침해될 위험이 예상되는 행위로서 ① 해당 사채 전부에 대한 지급의 유예, 그 채무의 불이행으로 발생한 책임의 면제 또는 화해, ② 사채에 관한 채권을 변제받거나 채권의 실현을 보전하기 위한 것이 아닌 해당 사채 전부에 관한 소송 행위 또는 채무자 회생 및 파산에 관한 절차에 속하는 행위를 열거하고, 사채관리회사가 이러한 행위를 할 때에는 사채권자집회의 결의에 의하도록 규정하고 있다(상 484조 4항 본문). 다만 ①의 행위는 사채발행회사가 사채권자집회의 결의

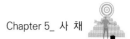

없이 사채관리회사가 할 수 있음을 정할 수 있다(상 484조 4항 단서).

(6) 종 임

사채관리회사는 사채를 발행한 회사와 사채권자집회의 동의를 받아 사임할 수 있으며, 부득이한 사유가 있는 때에는 법원의 허가를 받아 사임할 수 있다(상 481조). 사채관리회사는 상법의 규정에 의해 사채권자를 위한 공익적 성격의 업무를 수행하므로 사임이 자유롭지 않다.

한편, 사채관리회사가 그 사무를 처리하기에 적임이 아니거나 그 밖에 정당한 사유가 있을 때에 법원은 사채를 발행하는 회사 또는 사채권자집회의 청구에 의하여 사채관리회사를 해임할 수 있다. 사채관리회사가 그 사무를 처리하기에 적임이 아니거나 그 밖에 정당한 사유가 있을 때에 법원은 사채발행회사 또는 사채권자집회의 청구에 의해 이를 해임할 수 있다(상 482조).

사채관리회사의 사임 또는 해임으로 인해 사채관리회사가 없게 된 경우에는 사채를 발행한 회사는 그 사무를 승계할 사채관리회사를 정하여 사채권자를 위하여 사채관리를 위탁해야 하며, 이 경우 회사는 지체 없이 사채권자집회를 소집하여 동의를 받아야 한다(상 483조 1항). 부득이한 사유가 있을 경우에는 이해관계인이 사무승계자의 선임을 법원에 청구할 수 있다(상 483조 2항).

② 사채권자집회

(1) 의 의

사채권자집회는 사채권자로 구성되며, 사채권자의 이익에 중대한 관계가 있는 사항에 관하여 같은 종류의 사채권자(상 509조)의 총의를 결정하

기 위해 소집되는 사채권자 단체의 임시적 의결기관이다. 사채권자들의 이해를 집단적으로 관리할 필요에서 활용되는 기구이다. 상법상 사채권자집회는 사채의 종류별로 소집하고 결의한다.

(2) 소 집

사채권자집회는 사채를 발행한 회사 또는 사채관리회사가 소집한다(상 491조 1항). 사채의 종류별로 해당 종류의 상환액을 제외한 사채총액의 10분의 1 이상에 해당하는 사채를 가진 사채권자는 회의의 목적사항과 소집이유를 적은 서면 또는 전자문서를 사채를 발행한 회사 또는 사채관리회사에 제출하여 사채권자집회의 소집을 청구할 수 있다(상 491조 2항). 이 소집청구에 지체 없이 발행회사가 응하지 않을 때에는 소집을 청구했던 사채권자는 법원의 허가를 얻어 사채권자집회를 소집할 수 있다(상 491조 3항, 366조 2항). 무기명식의 채권을 가진 자는 그 채권을 공탁해야 위의 소집청구에 관련된 권리를 행사할 수 있다(상 491조 4항).

(3) 의결권

각 사채권자는 그가 가지는 해당 종류의 상환액을 제외한 사채금액의 합계액에 따라 의결권을 가진다(상 492조 1항). 의결권은 대리행사가 가능하며, 대리권은 서면으로 증명해야 한다(상 510조 1항, 368조 2항). 서면에 의한 의결권 행사가 가능하며(상 495조 3항), 이사회의 정함에 따라 전자적 방법으로도 의결권을 행사할 수 있다(상 495조 6항, 368조의4). 한편, 무기명식의 사채권자는 회일로부터 1주간 전에 채권을 공탁하여야만 의결권을 행사할 수 있다(상 492조 2항).

(4) 권 한

사채권자집회의 권한 사항은 자본감소의 이의(상 439조 3항), 합병의 이의(상 530조 2항, 439조 3항), 사채권자집회의 대표자 및 결의집행자의 선임과 해임(상 500조 1항, 501조, 504조), 발행회사의 불공정한 행위를 취소하기 위한 소제기(상 512조), 사채관리회사의 사임동의(상 481조)·해임청구(상 482조)·사무승계자 결정(상 483조 1항) 등이다. 이 밖에도 사채권자에게 이해관계가 있는 사항에 관하여 결의할 수 있다(상 490조). 이상의 사채권자집회의 권한에 속하는 사항은 사채권자가 단독으로 하지 못한다.

(5) 결의 방법

출석한 의결권의 3분의 2 이상의 찬성과 총의결권의 3분의 1 이상으로 한다(상 495조 1항). 사채관리회사의 사임·해임, 사채관리회사 승계자의 지정 및 사채발행회사 대표자의 출석 청구에서의 동의 또는 청구는 출석한 사채권자 의결권의 과반수로 결정할 수 있다(상 495조 2항).

(6) 결의의 효력 발생

사채권자집회의 결의는 결의한 날로부터 1주간 내에 법원에 인가를 청구해야 하며(상 496조), 인가를 받음으로써 그 효력이 생긴다(상 498조 본문). 다만, 해당 종류의 사채권자 전원이 동의한 결의는 법원의 인가 없이 효력이 발생한다(상 498조 단서).

법원은 다음에 해당하는 경우에는 결의를 인가할 수 없다. 즉 ① 사채권자집회의 소집절차나 결의방법이 법령이나 사채모집계획서의 기재에 위반될 때, ② 부당한 방법에 의해 결의가 성립된 때, ③ 결의가 현저하게 불공정한 때, ④ 결의가 사채권자 일반의 이익에 반하는 때이다(상 497조 1항). 이 중 ①과 ②의 경우에는 법원이 결의 내용, 기타 모든 사정을 참작하여 결의를 인가할 수 있다(상 497조 2항). 사채권자집회의 결의는 모든 사채권자를 구속한다(상 498조 2항).

(7) 대표자 및 결의의 위임

사채권자집회는 해당 종류의 상환액을 제외한 사채총액의 500분의 1 이상을 가진 사채권자 중에서 1인 또는 수인의 대표자를 선임하여 그 결의할 사항의 결정을 위임할 수 있다(상 500조 1항).

(8) 결의의 집행

사채권자집회의 결의는 사채관리회사가 집행하고, 사채관리회사가 없는 경우에는 대표자가 집행한다(상 501조 본문). 그러나 사채권자집회의 결의로 따로 집행자를 선임할 수도 있다(상 501조 단서). 사채권자집회는 언제든지 대표자나 집행자를 해임할 수 있고 위임한 사항을 변경할 수 있다(상 504조).

특수한 사채

① 전환사채

(1) 의 의

전환사채라 함은 사채발행회사의 주식으로 전환할 수 있는 권리가 인정된 사채를 말한다. 투자자 입장에서는 자신의 상황에 따라 확실성(사채)과 투기성(주식) 사이에서 선택의 여지가 생기고, 회사 입장에서는 전환으로 사채를 상환하면서 자본을 조달하는, 즉 타인자본을 자기자본화하는 기회를 얻을 수 있다.

(2) 발행 결정

전환사채의 발행사항은 정관으로 정한 경우 외에는 이사회가 결정하지만, 정관으로 주주총회에서 정하는 것으로 할 수 있다(상 513조 2항).[*3] 정관의 규정 또는 이사회의 결의로 정할 발행사항은 다음과 같다.

① 전환사채의 총액

② 전환의 조건(전환가액) : 전환사채와 전환에 의해 발행되는 주식의 비율을 뜻한다.

③ 전환으로 인하여 발행할 주식의 내용 : 우선주, 보통주, 의결권의 유무 등을 말한다.

④ 전환을 청구할 수 있는 기간 : 전환청구권을 행사할 수 있는 시기와 종기를 뜻한다.

⑤ 주주에게 전환사채의 인수권을 준다는 뜻과 인수권의 목적인 전환사채의 액

⑥ 주주 외의 자에게 전환사채를 발행하는 것과 이에 대하여 발행할 전환사채의 액

전환사채는 장래 전환에 의하여 주식이 되므로 전환사채의 인수권은 원칙적으로 주주가 갖는다. 이사회가 전환사채의 발행을 결정하고, 주주는 각자 소유한 주식에 비례하여 사채를 인수할 수 있다(상 513조의2 1항). 주주 아닌 자에게 전환사채를 발행하고자 할 경우(상 513조 2항 6호)에는 정관에 근거를 두거나 주주총회의 특별결의를 거쳐야 한다. 즉 제3자에게 발행할 수 있는 전환사채의 액, 전환의 조건, 전환으로 인하여 발행할 주식의 내용과 전환을 청구할 수 있는 기간을 정관 또는 주주총회의 특별결의로 정해야 한다(상 513조 3항 전문). 또한 제3자에게 전환사채의 인수

[*3]   신주발행이 정관에 의해 주주총회의 권한사항으로 되어 있는 경우에는 정관에 전환사채에 관한 명문의 규정이 없더라도 이사회의 결의만으로는 발행할 수 없고, 주주총회의 결의를 거쳐야 한다(대법원 1999. 6. 25. 선고 99다18435 판결).

권을 주는 것은 제3자에게 신주인수권을 주는 경우와 마찬가지로 신기술의 도입, 재무구조의 개선 등 회사의 경영상 목적을 달성하기 위해 필요한 경우에 한한다(상 513조 3항 후문, 418조 2항 단서).

(3) 발행절차

가 배정일 공고

신주발행에서와 같이 인수권을 행사할 주주를 확정하기 위해 배정기준일을 정하고, 그 2주간 전에 배정기준일에 주주명부에 기재된 주주가 인수권을 갖는다는 뜻을 공고해야 한다(상 513조의2 2항, 418조 3항). 배정기준일의 경과로 전환사채의 인수권을 갖는 주주 및 각 주주가 인수권을 갖는 사채의 총액이 확정된다.

나 주주에 대한 최고·실권

배정기준일에 의해 인수권이 확정된 주주에 대해서는 그 인수권을 가지는 전환사채의 액, 발행가액, 전환의 조건, 전환으로 인하여 발행할 주식의 내용, 전환을 청구할 수 있는 기간과 일정한 기일(청약일)까지 전환사채의 청약을 하지 아니하면 권리를 잃는다는 뜻을 청약일의 2주간 전에 통지해야 한다(상 513조의3 1항·2항, 419조 2항). 회사가 정한 청약일까지 청약을 하지 않으면 실권한다(상 513조의3 2항, 419조 3항).

다 인수·납입

일반 사채와 동일한 절차에 의한다.

라 사채청약서 등의 기재사항

전환사채의 청약서, 채권, 사채원부에는 ① 사채를 주식으로 전환할 수 있다는 뜻, ② 전환의 조건, ③ 전환으로 인하여 발행하는 주식의 내용, ④

전환을 청구할 수 있는 기간, ⑤ 주식의 양도에 관하여 이사회의 승인을 얻도록 정한 때에는 그 규정을 기재해야 한다(상 514조).

㉮ 수권주식과의 관계

발행예정주식총수에 미발행 부분이 있어야 전환이 가능하므로 이 경우에만 전환사채를 발행할 수 있고, 이 부분은 전환청구기간 동안 발행을 유보해야 한다(상 516조 1항, 346조 4항). 장래에 정관변경을 하여 발행예정주식총수를 늘릴 것을 예정하고 전환사채를 발행할 수는 없다.

㉯ 유지청구

회사가 법령 또는 정관을 위반하거나 현저하게 불공정한 방법으로 전환사채를 발행함으로써 주주가 불이익을 받을 염려가 있는 경우에는 신주발행에서와 같이 주주가 발행을 유지할 것을 청구할 수 있다(상 516조 1항, 424조).

(4) 전환의 절차

전환사채의 전환은 전환청구기간 중이면 언제든지 청구서에 채권을 첨부하여 회사에 제출함으로써 전환을 청구할 수 있다(상 515조 1항 본문). 회사가 채권을 발행하지 않고 전자등록을 한 경우에는 전환청구를 하는 자는 사채권을 증명할 수 있는 자료를 첨부하여 회사에 제출해야 한다(상 515조 1항 단서). 주주명부폐쇄기간 중에도 전환청구는 가능하지만, 신주식을 가지고 의결권은 행사할 수 없다(상 516조 2항, 350조 2항).

(5) 전환의 효력

전환은 사채권자가 청구서를 회사에 제출함으로써 그 효력이 생기며 (상 516조 2항 350조 1항), 회사의 승낙을 요하지 않는다. 즉 전환권은 형성

권이므로 전환청구와 동시에 사채권자는 주주가 된다. 전환사채의 질권자는 전환 후의 주식에 대해 질권을 행사한다(상 516조 2항, 339조).

(6) 전환사채 발행의 무효

판례에 의하면 전환사채의 발행은 사실상 신주를 발행한 것과 같으므로 무효원인이 있는 경우 신주발행무효의 소에 관한 규정(상 429조)을 유추 적용하여 전환사채발행무효의 소를 제기할 수 있다고 한다(대법원 2004. 6. 25. 선고 2000다37326 판결). 제429조를 유추 적용한다고 함은 전환사채발행의 효력은 일반 확인의 소로서는 다투지 못하고, 제429조의 요건을 갖춘 소로써만 다툴 수 있고, 그 무효판결은 형성판결로서 대세적 효력을 가지며, 신주는 장래에 한해 무효가 됨을 뜻한다. 제429조를 적용하는 결과, 전환사채발행의 흠이 이사회결의의 하자나 주주총회결의의 하자에서 비롯되더라도 전환사채발행의 효력을 부인하기 위해서는 결의의 하자를 다투는 소가 아니라 전환사채발행무효의 소에 의해 다투어야 한다(대법원 2004. 8. 16. 선고 2003다9636 판결).

② 신주인수권부사채

(1) 의 의

사채발행의 조건으로서 사채권자에게 신주인수권이 부여된 사채를 신주인수권부사채라 한다. 보통의 사채에 신주인수권이 부여되어 있다는 점이 특징이다. 이런 점에서 사채 자체가 소멸하고 주식으로 전환되는 전환사채와 다르다.

신주인수권부사채에는 분리형과 결합형이 있다. 결합형은 사채권과 신주인수권이 같이 하나의 사채권에 표창된 것이고, 분리형은 사채권에는 사채권만을 표창하고 신주인수권은 별도의 증권인 신주인수권증권에 표창한 것이다.

(2) 발 행

㉮ 발행의 결정

신주인수권부사채의 발행은 이사회가 결정하나 정관으로 주주총회에서 결정하도록 할 수 있다(상 516조의2 2항). 다음 사항 중 정관에 규정이 없는 것은 사채발행을 결정할 때에 함께 정해야 한다.

① 신주인수권부사채의 총액

② 각 신주인수권부사채에 부여된 신주인수권의 내용

③ 신주인수권을 행사할 수 있는 기간

④ 신주인수권만을 양도할 수 있는 것에 관한 사항

⑤ 신주인수권을 행사하려는 자의 청구가 있는 때에는 신주인수권부사채의 상환에 갈음하여 그 발행가액으로 제516조의9 제1항의 납입이 있는 것으로 본다는 뜻

⑥ 주주에게 신주인수권부사채의 인수권을 준다는 뜻과 인수권의 목적인 신주인수권부사채의 액

⑦ 주주 외의 자에게 신주인수권부사채를 발행하는 것과 이에 대하여 발행할 신주인수권부사채의 액

㉯ 신주인수권부사채의 인수권

신주인수권부사채의 발행은 실질적으로 신주인수권의 부여와 동일하므로 일반적인 신주의 발행이나 전환사채의 발행에서처럼 주주의 이익에 중대한 영향을 미칠 수 있다. 그러므로 신주인수권부사채의 인수권은 원칙적으로 주주에게 주어지며, 주주 외의 제3자에게 신주인수권부사채를 발행하고자 할 경우에는 정관의 규정 또는 주주총회의 특별결의가 필요하다(상 516조의2 4항).

㉰ 배정일의 공고

주주는 원칙적으로 그가 가진 주식의 수에 비례하여 신주인수권부사채

를 배정받을 권리를 가지므로(상 516조의11, 513조의2 1항 본문), 사채인수권을 행사할 주주를 확정하기 위한 배정기준일을 정하고, 그 2주간 전에 배정기준일에 주주명부에 기재된 주주가 사채인수권을 갖는다는 뜻을 공고해야 한다(상 516조의11, 513조의2 2항, 418조 3항). 배정기준일이 경과하면 신주인수권부사채의 인수권을 갖는 주주 및 각 주주가 인수할 사채액이 확정되는데, 이때 사채의 최저액에 미달하는 단수에는 인수권이 미치지 않는다(상 516조의11, 513조의2 1항 단서).

라 주주에 대한 최고·실권

전환사채의 최고·실권 절차와 동일하다(상 516조의3 1항 전문·2항, 419조 2항·3항).

마 인수·납입

일반 사채와 동일한 절차에 따른다.

바 사채청약서 등의 기재사항

신주인수권부사채의 청약서, 채권, 사채원부에는 ① 신주인수권부사채라는 뜻, ② 발행결정사항 중 일부(상 516조의2 2항 2호~6호), ③ 신주인수권 행사 시 납입을 맡을 은행, 기타 금융기관과 납입장소, ④ 신주의 양도에 이사회의 승인을 얻도록 정한 때에는 그 규정을 기재해야 한다(상 516조의4 1호!4호). 신주인수권증권을 발행할 경우 채권에는 이 사항들을 기재하지 않는다(상 516조의4 단서).

사 수권주식과의 관계

발행예정주식총수 중 미발행 부분이 있는 범위에서 신주인수권부사채를 발행할 수 있음은 전환사채에 관해 설명한 바와 같다(상 516조의11, 516조 1항, 346조 4항).

㉠ 유지청구·불공정한 가액으로 사채를 인수한 자의 책임

통상의 신주발행 및 전환사채의 발행에서 설명한 바와 같다(상 516조의
11, 516조 1항, 424조, 424조의2).

(3) 신주인수권증권

신주인수권부사채의 발행을 결정하면서 신주인수권만을 양도할 수 있
음을 정한 때(상 516조의2 2항 4호)에는 신주인수권증권을 발행해야 한다
(상 516조의5 1항). 신주인수권증권에는 법정의 사항과 번호를 기재하고 이
사가 기명날인(또는 서명)해야 한다(상 516조의5 2항). 회사는 신주인수권증
권을 발행하는 대신 정관으로 정하는 바에 따라 전자등록기관의 전자등
록부에 신주인수권을 등록할 수 있다(상 516조의7).

신주인수권증권은 신주인수권을 표창한 유가증권이다. 그러므로 신주
인수권의 행사나 양도는 신주인수권증권에 의해야 한다. 신주인수권증권
에는 인수권자의 성명이 기재되지 않으므로 무기명증권이다. 신주인수권
증권을 발행하면 신주인수권부사채는 이른바 분리형이 되므로 신주인수
권은 사채와 별개로 양도할 수 있고, 그 양도는 신주인수권증권의 교부에
의해서만 할 수 있다(상 516조의6 1항). 신주인수권은 신주인수권증권으로
써 행사한다.

(4) 신주인수권의 행사

신주인수권부사채권자 또는 신주인수권증권의 소지인은 사채에 부여
된 내용에 따라 신주인수권의 행사기간 내이면 언제든지 신주인수권을
행사할 수 있다. 신주인수권을 행사하려는 자는 청구서 2통을 회사에 제
출하고 신주발행가액 전액을 납입해야 한다(상 516조의9 1항). 청구서의 제
출과 주금의 납입이 동시에 이루어지는 것이다.

각 신주인수권부사채에 부여된 신주인수권의 행사로 발행할 주식의 발

행가액의 합계액은 각 신주인수권부사채의 금액을 초과할 수 없다(상 516 조의2 3항). 즉 사채금액을 신주발행가로 나눈 수량 이하의 주식에 대해서 만 신주인수권을 부여할 수 있다. 이는 과대한 신주인수권의 부여를 억제 하려는 취지이다.

신주인수권을 행사한 자는 주금납입을 한 때에 주주가 되며(상 516조의 10 전문), 회사의 승낙은 필요 없다. 즉, 신주인수권은 형성권이다. 다만, 주주명부폐쇄기간 중에 신주인수권을 행사한 경우에는 그 기간 중에 의 결권을 행사할 수 없다(상 516조의10, 350조 2항).

(5) 신주인수권부사채발행의 무효

신주인수권부사채의 발행에 무효원인이 있는 경우에는 신주발행무효 의 소에 관한 규정에 따라 신주인수권부사채발행무효의 소를 제기할 수 있다(대법원 2015. 12. 10 선고 2015다202919 판결).

③ 특수사채

상법은 전환사채와 신주인수권사채 외에 특수한 사채로서, ① 이익배 당에 참가할 수 있는 사채, ② 주식이나 그 밖의 다른 유가증권으로 교환 또는 상환할 수 있는 사채, ③ 유가증권이나 통화 또는 그 밖에 시행령으 로 정하는 자산이나 지표 등의 변동과 연계하여 미리 정해진 방법에 따라 상환 또는 지급금액이 결정되는 사채를 규정하고 있다(상 469조 2항).

(1) 이익참가부사채

이익참가부사채는 사채권자가 이익배당에 참가할 수 있는 권리를 부여 한 사채를 말한다(상 469조 2항 1호). 사채의 안정성과 영업실적에 따른 수익을 누릴 수 있다.

정관의 발행에 관한 규정이나 주주총회의 결의로 발행한다는 취지의 정관 규정에 의하여 발행할 수 있으며, 이들 정관 규정이 없을 때는 이사회의 결의로 발행할 수 있다(상령 21조 1항).

이익참가부사채는 주주에게 배당할 이익을 침범하므로 주주의 이해에 중대한 영향을 미칠 수 있다. 따라서 전환사채의 경우처럼 주주가 사채의 인수권을 갖는 것을 원칙으로 하고(상령 21조 1항 3호), 주주 외의 자에게 이익참가부사채를 발행하는 경우에는 그 발행할 수 있는 이익참가부사채의 가액과 이익배당 참가의 내용에 관해 정관에 규정이 없으면 주주총회의 특별결의로 이를 정해야 한다(상령 21조 2항).

(2) 교환사채

교환사채는 사채권자의 청구에 의해 다른 유가증권으로 교환할 수 있는 사채를 뜻한다(상령 22조 1항). 교환사채는 이사회의 결의만으로 발행할 수 있다(상령 22조 1항 본문). 정관의 근거 규정이나 주주총회의 결의는 필요하지 않다. 이사회에서는 다음의 사항을 결정하여 사채청약서, 채권, 사채원부에 기재해야 한다(상령 22조 1항, 25조 2호).

① 교환할 주식이나 유가증권의 종류 및 내용
② 교환의 조건 : 교환사채에 대해 부여할 증권의 수량이다.
③ 교환을 청구할 수 있는 기간
④ 주주 외의 자에게 발행회사의 자기주식으로 교환할 수 있는 사채를 발행하는 경우에는 그 상대방 및 처분방법

(3) 상환사채

상환사채는 회사가 그 선택에 따라 소유하는 주식이나 그 밖의 유가증권으로 상환할 수 있는 사채를 뜻한다(상령 23조 1항). 교환사채와 마찬가

지로 정관에 근거를 두거나 주주총회의 결의를 거칠 필요 없이 이사회의 결의만으로 발행할 수 있다(상령 23조 1항 본문). 이사회에서는 다음의 사항을 결정하여 사채청약서, 채권, 사채원부에 기재해야 한다(상령 23조 1항, 25조 3호).

① 상환할 주식이나 유가증권의 종류 및 내용

② 상환의 조건

③ 회사의 선택 또는 일정한 조건이나 기한의 도래에 따라 주식이나 그 밖의 유가증권으로 상환한다는 뜻

④ 주주 외의 자에게 발행회사의 자기주식으로 상환할 수 있는 사채를 발행하는 경우에는 그 상대방 및 처분방법

저자 소개

송 호 신

- 한양대학교 법과대학 및 동 대학원 법학과(법학 석사/박사)를 졸업하였다. '상법상의 회사관련범죄에 대한 연구'(2002년)로 박사학위를 취득하였다. 한양대학교 경상대학 강의전담교수와 관동대학교 법정대학 겸임교수로 근무하였다. 현재 한국교통대학교 교양학부 교수로 재직 중이다. 지은 책으로는 기업법 I (공저), 회사법(공저), 지식재산권의이해(공저) 등이 있다.

이 기 욱

- 한양대학교 법과대학 및 동 대학원 법학과(법학 석사/박사)를 졸업하였다. 한국조세연구소 선임연구원, 세무법인 가나 연구위원, 광주대학교 겸임교수로 근무하였다. 현재 호원대학교 법경찰학과 교수로 재직 중이다. 저서로는 인터넷과 전자상거래법(공저), 부동산세법, 법학개론(공저) 등이 있다.

회사와 자본

초판 1쇄 인쇄   2025년 10월 10일
초판 1쇄 발행   2025년 10월 15일

저   자   송호신·이기욱
펴 낸 이   임 순 재
펴 낸 곳   (주)한올출판사
등   록   제11-403호
주   소   서울시 마포구 모래내로 83(성산동 한올빌딩 3층)
전   화   (02) 376-4298(대표)
팩   스   (02) 302-8073
홈페이지   www.hanol.co.kr
e - 메 일   hanol@hanol.co.kr
I S B N   979-11-6647-498-9

회사와 자본